主数据管理

企业数据化建设基础

张旭 陈吉平 杨海峰 等著

電子工業出版社
Publishing House of Electronics Industry
北京•BEIJING

内容简介

这是一本关于企业如何进行主数据管理的书。在认知篇中，笔者阐述了自己的数据观。在方法篇中，笔者介绍了主数据的定义和管理目标，这是后续工作的基础。然后，笔者系统地介绍了主数据管理的方法论体系，包括主数据的定义与建模、主数据管理标准与流程的制定、应用系统间数据共享的方法及如何进行历史数据清洗等内容。在数据篇中，笔者依据方法论体系，对不同类型的主数据进行了相对全面和详细的系统性介绍。因为每种主数据都是各具特色的，在不同的行业、不同的企业、不同的管理诉求和背景下，所采用的管理方法也是截然不同的。在产品篇中，笔者介绍了主数据管理系统的一些主要功能模块。

本书适合所有将要开展和已经开展主数据管理的企业中的人员及相关从业人员阅读、参考，同时本书也适合其他数据化工作者阅读、参考。

图书在版编目（CIP）数据

主数据管理：企业数据化建设基础 / 张旭等著. —北京：电子工业出版社，2021.9

ISBN 978-7-121-41736-8

Ⅰ.①主… Ⅱ.①张… Ⅲ.①企业管理—数据管理 Ⅳ.① F272.7

中国版本图书馆 CIP 数据核字（2021）第 156228 号

责任编辑：石　悦　　　　特约编辑：田学清
印　　刷：天津千鹤文化传播有限公司
装　　订：天津千鹤文化传播有限公司
出版发行：电子工业出版社
　　　　　北京市海淀区万寿路 173 信箱　　　邮编：100036
开　　本：880×1230　1/32　印张：8.75　字数：211 千字
版　　次：2021 年 9 月第 1 版
印　　次：2021 年 9 月第 1 次印刷
定　　价：89.00 元

凡所购买电子工业出版社图书有缺损问题，请向购买书店调换。若书店售缺，请与本社发行部联系，联系及邮购电话：（010）88254888，88258888。

质量投诉请发邮件至 zlts@phei.com.cn，盗版侵权举报请发邮件至 dbqq@phei.com.cn。

本书咨询联系方式：010-51260888-819，faq@phei.com.cn。

在企业的数字化转型过程中，只有先做好主数据管理，才能充分利用大数据。如果说我们正在为企业构建一座数字化大厦，那么这座大厦的基础一定是主数据管理，即全局视角的实体数据统一。只有在这个基础上，大厦才能够越建越高。如果基础不牢，就要用十倍甚至百倍的业务代价来弥补。

——著名企业云计算专家 / 国药集团原 CIO 雷万云博士

主数据既是企业进行数据治理的基础，也是企业多系统集成要考虑的核心。本书从主数据的概念、管理体系、技术平台及落地实施等多个维度对主数据的管理与建设做了详细、务实的分析和指引，对需要建设主数据体系的企业有很好的参考价值。

——上海医药大健康云商股份有限公司首席信息官 王殷

"数字航空"是航空工业集团在"十四五"期间的重要课题，前景广阔、价值巨大。从现场产线到经营管理，再到整体产业，都迫切需要用数字化手段进行全面改造与升级。建立良好的主数据管理体系是企业数字化建设的重要环节。

——中航金网董事长 施大龙

企业数字化建设能力，是一个综合的能力体系。主数据管理与数据治理能力是这个能力体系的基础部分，如果主数据管理做不好，那么很多未来的上层建设都会面临问题。主数据管理体系的建设和运营是一个长期过程，需要企业持续关注。

——中航金网 CTO 赵维五

袋鼠云一直在为企业提供体系化的数据中台服务，与传统的互联网企业相比，非云原生企业在数据治理、数据质量方面碰到的问题显得更为突出。数据中台需要从传统的“存通用”定位，快速拓展到“存通用治”，这样才能满足企业的需求，更高效、更便捷地让数据产生价值。

——袋鼠云 CEO 丁原

国资国企在中国经济由高速发展向高质量发展过渡的过程中发挥着很重要的作用。在数字经济时代，在“十四五”期间，各级国资国企都在全力推进数字国资国企建设，通过打造数字化转型基石，提升数据管理水平，深入挖掘数据价值，助力规模和实力持续增长，为布局结构调整、改革方向和监管政策制定提供决策支持。因此，新时代的国资国企都将数据视为关键生产要素、重要资产。对数据进行资产化管理，构建数据治理体系，提升数据管理能力和数据服务能力已经刻不容缓。

数据治理体系建设是一项复杂的系统性工程，既涉及企业信息化战略、组织架构等顶层设计，又涉及文化、制度等外部因素，还与系统、平台、工具等技术的发展密切相关。主数据管理是企业级大数据平台数据治理的基础性工作，是数据治理的首要环节。首先，主数据标准为企业级数据平台提供统一的数据标准定义和平台逻辑模型。其次，主数据标准是企业级大数据平台进行数据治理的依据和根本。最后，主数据标准是衡量企业级大数据平台数据资产运营和管理的评估依据。

张旭是我在用友公司时的老同事、好兄弟。在工作期间，他一直致力于数据治理工作，为用友公司在主数据管理业务方面的工作顺利开展打下了基础。本书是他多年来在数据领域研究、实践的总结，结合主数据管理，从业务管理、技术支撑到体系运营做了详细阐述，同时结合很多项目经验提炼出了企业经常碰到的核心主数据的治理建议。本书浅显易懂，在数据治理及主数据管理领域可以为国资国企的数字化转型提供非常好的指引。

——用友国资事业部总经理 余辉

数据是“金矿”，但是从数据里提炼出“金子”却是一个复杂的过程，这个过程长且繁杂，同时整个工作不仅涉及数据本身，还综合了管理、标准、技术、业务等多方面的内容。让数据产生价值是我们这些数据化工作者的职责，在这个过程中我们不断实践，逐渐形成了一套相对完整的体系，其中“主数据管理”是这个体系中很重要的一部分。

在业内大家对于主数据管理工作的目标已经有了相对一致的认知。当一件事情的目标明确的时候，就会有很多人去寻找实现目标的方法。虽然在开始的时候，大家各展其能，方法不一致，随后可能形成各种流派，但是对于一个不太复杂的问题，最后还是应当形成一套相对统一的方法。所以，主数据管理是有希望形成一套统一的方法的，毕竟目标清晰，实践充分，整体难度尚可。

而最不成熟的情况是，我们连对目标的描述都不一致，那就是另一个问题了。就像笔者写的关于数据中台的书一样，大家在对数据中台的建设目标与整体内容尚未达成统一意见时，就无从讨论一套标准的方法了。这时，我们只能遵从价值定律，也就是说这件事情做了，对企业是有价值的，那大体上就不算犯错。

主数据管理工作是国内企业关注了很长时间的一种数据类工作，很多大型企业都已经开始或进行了主数据管理，同时我们也可以找到不少讲述主数据管理的相关图书。笔者之所以还要再写一本关于这方面内容的书献给读者，有以下一些原因。

首先，在企业信息化、数据化建设过程中，主数据管理是一个很难跨越的环节，而我们也需要随着国内众多企业的信息化、数据化建设历程而成长。所以，如何帮助企业做好主数据管理工作，也成为我们必须回答的问题。在经历了一些国内各行业头部客户的主数据管理项目后，我们积累了不少一手经验，将这些经验抽象总结，提炼成了一套主数据管理解决方案（或称方法论体系）。无论是方法论还是经验，都可以被理解为“压缩的时间”。把这些内容分享出去，一定是对社会、对企业有益的。

其次，方法是相对于经验的提升和抽象，经验是方法的底层支撑。本书在系统阐述了方法体系后，用了大量的篇幅，对我们在项目中的很多详细情况和经验细节做了充分介绍。我们甚至认为，这些细节的价值还在理论方法之上，因为在主数据业务开展的过程中，我们发现客户所遇到的很多明细问题都是相同或相似的。基于我们的经验对这些问题进行直接的回答，无疑是高效的。我们希望让读者“开箱即用，开盖即食”，所以本书是完全以实战为目的的，甚至我们起初给这本书起的名字就叫作《主数据肘后备急方》，也就是说，每当遇到具体的主数据问题时，都可以把这本书拿出来，查找一下具体的建议和解法。

最后，企业数据化建设工作背后是一个庞大的知识体系，主数据大体上可以纳入数据治理的范畴，数据中台着重关注数据资产管理、大数据平台技术、整体数据运营组织等方面，以及众多的数据应用内容，如从传统的商业分析到行为数据的应用和算法应用等。本书试图从整体架构的角度来看待主数据管理的问题，阐述主数据和数据治理、数据中台、数据应用之间的关系。比如，主数据管理如果想要做好，一定需要数据组织、数据标准的支持；同时，做好了主数据管理，企业基础数据的质量也会大幅提升；主数据的权限等问题也一定要纳入数据安全管理的范畴；等等。主数据管理既能够独立地解决企业很多的业务问题，又是许多数据化工作的前提和基础，需要与其他模块紧密关联和配合。这些都会在本书中抽丝剥茧般细细道来。

做对的事，把自己知道的东西写出来，让更多的人知道或参考。但笔者担心内容不准确会对别人产生误导，所以也恳请诸位广大读者批评与指正。

感谢参与本书编写的其他作者：陈吉平先生、杨海峰（教授）、宫大（博士）、伍君先生、李海燕女士、赵维五先生、赵鹏（博士）、李鑫女士。同时也感谢参与本书整理的朋友们：张爱东、代喻、李昊、徐鹏飞、李丽、叶红云、秦湘瑜。再次感谢我们的公司、同事、家人和朋友的支持。希望在企业数据化建设道路上继续与诸位同行。

张　旭

于北京

认知篇

方法篇

数据篇

产品篇

认知篇

万事万物都始于认知，万事万物都始于实践。无论如何，我们对一件事物的认知程度大体能够体现我们在这个领域中已经前行的里程。

1 主数据的认知

1.1 说在主数据之前

1.1.1 两个世界

我们生活在一个客观的世界中，用自己的眼睛去看、鼻子去闻、耳朵去听、舌头去尝、肌肤去感触，这些是我们与生俱来的能力。这些过程也是信息收集的过程，这些收集到的信息会通过我们的神经网络传递到大脑中存储和计算，大脑产出的结果信息指导我们做出对应的行动，待我们的行动作用于客观世界后，其结果再以信息的形式反馈回大脑，这样就形成了信息闭环。信息在这个闭环里往复运动，我们的大脑在这个过程中也不断地对信息进行抽象和总结，从而把这些简单的信息变成更高级的信息，如经验和知识。经验和知识又在更深的层面影响我们对世界的认识和我们的行为。

这个过程如此重要，甚至直接关系到个人的生死乃至人类的生存和发展，促使我们竭尽所能地制造各种工具来帮助我们进行这样的信息循环。比如，在信息的获取方面帮助我们，如望远镜、显微镜、听诊器等是信息获取工具；在信息的传递、存储方面帮助我们，如电话、电报、烽火台等是信息传递工具，而竹简、羊皮、纸张、硬盘等是信息存储工具或称持久化工具；在计算等方面帮助我们，如算盘、计算器、计算机等是信息计算工具。

当我们开始用一个个“0”和“1”的二进制字符串进行信息的传递、存储和计算时，新的信息化革命便开始了。相比上一代或前几代的信息化工具的发明创造，这一次的信息化革命过程对社会的影响更加广泛和深刻，几乎涉及各个方面的信息工具的改变，尤为引人关注的是我们对信息存储模型，以及在这个存储模型之上计算方法的深入探索和研究。这是我们以往所未曾重点关注或没有能力关注的一个环节，也是在信息流转环节中十分重要、关键的环节。以往的这些活动都是在我们的大脑中秘密进行的，但是现在我们可以把这个模型及其内部的计算方式在体外模拟，同时让完整的信息流在体外实现完整闭环，且高度自治。这是有划时代意义的一次改变。而这一切的基础，就是一个相对完整和具有一定规模的数据模型,以及在这个数据模型上的各种计算方法。这个模型具有以下特点。

（1）一个从现实世界抽象出来的数据模型。

（2）数据模型中有众多数据，用以记录现实世界的情况。

（3）交互的界面，让现实世界的情况和虚拟世界保持一致。

这无疑是一个创举，即使这样的数据模型比较粗糙和简陋，但在初期也利用它获得了巨大的价值。我们可以把这个虚拟的世界理解为一个很小的点，这个点基本不受空间和时间的限制。我们通过沟通的界面，把所有现实世界中的情况都映射到这个点里。最后，这个虚拟的世界就和真实的世界变得越来越相似，成为真实世界的一个映射版本。

我们通过这个虚拟的世界可以做很多事情，如下。

1. 通信

这个点基本不受空间的限制，即使远隔万里也基本不会受到影响；人们可以方便地利用这个点进行通信和业务协作。

2. 记录信息

它可以详细地记录每一个字节的信息，且不会出现任何错误和丢失。如果存储的空间足够大，那么从它启用开始，一直到它结束寿命，所有的信息都会被记录下来。

3. 了解过去、洞悉当下、预测未来

我们可以利用这个点里的信息，对过去发生的事情进行回溯和统计，也可以利用各种计算方法对各种宏观和微观的事情进行分析，并使用这些更加准确的分析成果，还可以让这个点具有一定的智能。目前，这些“智能”只是最初的形态，可以接管相对简单的脑力工作。

目前，这个虚拟的世界远没有我们想象中的成熟和广阔，甚至在一个企业内部都不得不被分割成几个、几十个独立的局部模型，这是由我们当前的技术手段、认识的局限性和现实的复杂性所造成的。所以，这个数据模型在追寻价值的方向上，表现出以下发展诉求。

（1）更加翔实地描述真实世界。

（2）描述更加广阔的世界。

（3）能够与其他模型进行交互和协作。

（4）降低与真实世界交互的难度，更方便地获取数据和输出

数据。

（5）源源不断的算力需求和对更加复杂、更加有价值的计算模型的需求。

有些人对这个进程激动不已，有些人则显示出了一些担忧。但是无论怎样，目前整体的模型构建权力还是掌握在人类手中的，而我们所建立的数据模型也仅是一个个局部的、微小的、分散的模型，它们各自为政，但都在努力地成长。至少在一个较长的时间段里，我们的主要工作还是竭尽全力地推动它成长和变强。

1.1.2 数字化企业

回到当前的工作中来，本书所关注的对象是企业。目前，企业中的众多独立应用系统和它们所描述的业务模型正在支撑企业的业务运转。我们首先来关注一下这些应用系统是如何运转的，以及我们对它们的期望。

（1）数据库（数据仓库）中有众多二维表，以及这些表中的数据。

（2）系统中有一个后端处理程序负责处理业务逻辑，有一个前端处理程序负责处理交互界面。

（3）让企业的业务能够在系统中流转和记录，同时保证时效性。

（4）系统具有一定的抽象性，当业务发生预测内的变化时可以立即调整。

（5）系统具有一定的开放性，当业务发生变化时可以定制、更改。

（6）当业务大量涌现的时候，系统能够游刃有余地应对。

（7）系统具有合理的业务功能抽象模块，便于未来的扩展和组合。

当前的企业信息化建设是一个个专业业务系统罗列和搭建的过程。在这个过程中，最核心、价值最高、最关键的业务优先被信息系统覆盖，如财务、库存、采购、生产、销售；第二梯队是办公自动化、人力资源管理、客户关系管理、供应商管理等系统；第三梯队是法务、风控等系统。在这个过程中，我们遇到了一些典型的问题，也在一定程度上找到了对应的解决方案，如下。

（1）有一个软件供应商能够提供企业所需要的所有应用软件。

（2）这些应用系统之间可以相互通信，共同组合成一个大的生态体系。

（3）系统集团中的某些应用系统能够上下贯通使用一套软件，能够看到实际的明细情况，而不是被动地等待每周的固定报表。

这些需求对应着平台化、组件化、SOA（面向服务的架构）、集团管控、业务中台、微服务等一系列方案。但是，信息化企业和我们最终所期望的数据化企业还有很大的差别，数据化企业至少应当具有以下特征（非统一视角）。

1．业务线上化

企业信息化建设是企业数据化建设的前提，信息化建设的本意是将线下业务线上化，打破空间的约束，将业务流程标准化和固化，从而大幅提升企业经营效率。但是对于企业数据化建设而言，企业信息化建设则是将这个企业的各种行为有效地映射到数据模型中，数据模型和数据是企业数据化建设的基础。

2．企业透明化

在一个数据化建设完善的企业中，每个岗位都能够在数据权限允许的范围内，不受时间和空间的限制，从而得到更丰富的业务数据和行为数据。比如，集团领导不但可以知道各级企业的汇总报表数据，还可以随时深入查看每一个具体的业务数据，如财务、人力资源数据，他们可以像教练指挥赛场上的球员一样，指挥一个跨国企业。企业透明化可以让企业的组织结构更加扁平，从树形结构变成网状协作结构。

3．数据化思维、量化业务、洞察细节

当企业中所有实体的行为在企业内部都透明时，数据化的业务思维、科学的业务描述体系将会大幅降低工作协作的内耗。尤其是对于管理成本居高不下的大型企业而言，这可以打破以往的管理规模瓶颈，进一步发挥体量优势，同时可以更多地借助数据分析，进行精细化管理和判断。

4. 智慧的端倪、对各个层级的能力革命

数据化可能意味着第一次信息可以脱离大脑而在体外进行完整闭环循环，即构建“智慧大脑”。也许很多年后我们发现这个“智慧大脑”和信息化中写好的程序或生产线上的自动手臂并没有本质的区别，但是至少目前人工智能还是让我们感到惊艳的。如果把企业的职位层级比作金字塔，那么这个金字塔中所有的岗位和人员都会在“智慧大脑”的帮助下受益或受到冲击，而且越是底层可能受到的冲击越大。因为，越是底层，工作中机械化、重复性的工作比例越高。但是从整体视角来看，如果说上述内容还是从量上提升企业竞争力的话，那么企业智慧大脑的构建将会从质上改变一个企业。

5. 丰富的数据供给和数据驱动

数据化企业中各个岗位、角色都会获得比以往更加丰富、更加准确、更加快速的数据支撑，而且这些数据的“含金量”也将更高。从了解业务的情况到洞察细节的建议，或者对未来的预测，甚至直接越过人类的自主决策和运营等，我们会逐渐从需要数据过渡到被数据驱动。

1.1.3 企业数字化发展阻碍

至少到目前为止，我们只有极少数的企业可以被称作数据化企业，而大部分企业还处于从信息化到数据化的转化过程中，并且这个过程会很复杂和漫长。我们认为至少以下环节是传统企业所需要经历的。

（1）相对完整的信息化建设工作。

（2）完整且质量良好的全域数据及数据治理体系的良好运转。

（3）支持企业全面数据化转型的数据平台。

（4）企业员工的数据化理念，充分的业务统计与分析需求，用数据说话的习惯。

（5）众多的大数据、AI 应用场景构想。

目前，很多企业都处于信息化建设初步完成，数据治理体系正在构建，数据平台正在论证与搭建，数据理念不断加强，努力寻找更多数据应用场景和价值的阶段。在这个阶段中，基础数据的统一和高质量供给成为未来企业数据化发展的核心环节。而主数据管理（Main Data Management，MDM）作为这个核心环节的重要解决方案被广泛使用，原因如下。

（1）业务本身需要一套标准的数据模型和数据，用以反映客观存在，否则将带来业务上的混乱，而通过业务上的问题反向推动各个系统数据一致，是一种非常不划算的做法。

（2）多个系统间需要进行数据交换，在交换过程中，如果对于客观实体的模型描述不一致，则业务数据交换将非常烦琐和困难。

（3）当构建数据仓库进行跨业务系统间的数据分析时非常困难。

我们期望，能够在以企业的视角去观察的时候，有一个权威的、完整的、客观实际的模型，然后让所有的系统都能够方便地使用这个模型及模型中的数据。

1.2 主数据概述

1.2.1 主数据的概念

主数据就是在计算机系统之间分享的数据。分享是关键词，经典的主数据例子就是客户主数据。我们都了解客户主数据。我们都是别人的客户，但是我们必须理解客户是主数据管理的项目中心，同时要理解还有其他各种各样的主数据，如产品主数据、地点主数据、资产主数据、员工主数据等，这些是相互联系的。因为我们卖产品、客户买产品，可能由零售商从一个具体的零售店卖出产品，然后客户来买产品，所以我们管理的不仅是客户主数据、产品主数据，还有地点主数据，以及其他相关的主数据。

本书的读者还可以从以下几个视角认知主数据。主数据描述的是客观实体，主数据记录和这些客观实体的行为记录是相对存在的。如果我们熟悉数据库设计，就可以把一个应用系统的后台数据库中的表分成以下几类。

（1）描述客观实体的表，如描述人员、组织、账户、资产等的表。

（2）描述实体间交易或者行为的表，如描述入库、出库、借款、出差等的表。

（3）记录统计结果的表，如出勤表、资产负债表、损益表等。

这样，描述客观实体的表需要在全局共享的时候，就可以作为主数据被看到。

那么，业务人员如何理解主数据呢？我们可以通过举例法进行描述。通常，我们所认为的主数据所包含的范围是人员、组织、账户、客户、供应商、商品、物料、项目、设备等。因为这些客观存在是企业中的主要业务实体，同时也是各个业务系统进行数据模型建设（简称建模）时必须用到的。业务人员可以把这些数据理解为主数据，如果把这些主数据管理好，就能解决企业中90%的主数据管理需求。

主数据有时还会连带一些附属的参照数据和枚举数据，如人员主数据经常会引用岗位、职务级别数据，我们可以定义它们为参照数据或一类比较小规模的主数据。这些数据经常要从属于主数据，所以我们把它们统称为一个主数据域。甚至还有一些更小的数据，它们甚至不需要单独建模，只是以字段的形式存在于大的模型中。比如，对于人员中的性别字段，我们可以定义“0”代表男性、“1”代表女性、“2”代表其他。我们称这些属性为枚举属性，可以将其统一纳入主数据解决方案体系。

我们还可以从企业整体视角称主数据为企业的基础数据，因为这些数据处于数据类型结构的底层，其上是交易数据、行为数据及统计分析类数据等。

1.2.2 主数据的分类

分类有助于我们对事物的理解，每一种分类都对应一种视角，之所以在不同的视角下划分出不同的种类，是因为某些属性的不同将导致后续处理和管理的不同。我们当前对主数据的分类及后续管理上的差异如下。

1. 按主数据产生和管理权限范围分类

（1）内生主数据。

（2）外生主数据。

根据主数据所描述的客观实体进行分类。有的客观实体属于企业内部，企业拥有完全主动权，如组织、人员、物料、产品等；有的客观实体属于企业的外部交易对象，如客户、供应商、会员等。企业对外部交易对象就相对较难通过管理手段进行约束。

2. 按主数据所描述的对象个体或类别分类

（1）单体主数据。

（2）类别主数据。

根据主数据所描述的对象情况划分。有的主数据描述的是一个自然单体，那么一个单体对应一条数据，容易做到一物一码，如人、组织、客户、供应商等。有的主数据描述的是很多个相同的客观存在，描述的是一种类别，如物料、产品等，这类主数据往往涉及颗粒度的问题和视角的问题，因此不存在一物一码或很难做到一物一码，只能做到一类一码。

3. 按主数据所属管理部门分类

（1）单部门单入口。

（2）多部门多入口。

每个主数据属性的多少和复杂程度都不相同。有的主数据具有明显的业务特征，管理权限也可以归集到一个部门，如人员主数据可以归集到人力资源部门、账户主数据可以归集到信息管理部门，而且这些主数据都有相对应的业务系统进行维护。而有些主数据相对复杂，所涉及的部门非常多，如在产品主数据、项目主数据的全生命周期里，基本会贯穿一个企业的各个主要业务部门。

1.2.3 主数据管理的定义

主数据管理的定义：构建一套体系，用以管理主数据。这套管理体系包括以下内容。

1. 清晰、准确的数据模型

该数据模型有清晰、准确的定义，并且得到各个部门和使用者的认可。该数据模型在各个业务板块都能够顺利使用，所有人共同遵守其定义的要求。

2. 一套完整的管理体系

管理体系更明确的是指组织上对主数据的管理保障。我们希望每个主数据的每个字段都有一套完整的管理依据，也就是说我们需要清晰地阐述每个字段在什么场景、由谁、依据什么进行管理。

3. 一套技术支撑体系

在技术支撑体系中，我们需要说明数据的源头和数据的流向。源头解决数据录入和管理问题，流向解决数据共享问题。

主数据管理的目的就是管理好主数据，如果我们建立的这套管理体系没有达到主数据管理的目的，也没有获得我们需要的成果，那么说明这套系统在设计或执行的过程中出了问题，需要对其进行有针对性的调整和改变。同时，这套管理体系是综合的，既包含模型设计，也包含组织流程内容，还有技术和软件支撑。只有通过这样综合的手段，最终才有可能达到我们的目的。

1.2.4 主数据管理的成果

主数据管理最直观的成果是，一套主数据管理体系能够帮助我们达到主数据管理的目的，并且持续保持健康的状态。

具体来看，一个主数据如果进行了主数据管理，那么它至少应当具有以下成果。

1. 一份黄金数据

这份黄金数据是业务上最值得信任的数据，因为我们利用多种方法来保证这份数据的权威性和准确性。

2. 所有数据与黄金数据一致变化

这样的变化最好是通过技术手段实现的自动变化。

3. 能够健康运转的主数据管理系统

主数据管理系统保证了成果的产出，我们希望这套系统在运转之初和持续运转的过程中都能够保持健康，并且具有一定的调整和适应能力。

1.2.5 主数据管理的价值

主数据管理本身就具备巨大的业务价值，因为企业的客观存在或者说实体对象的数量及状态在当前的一个时刻一定具有一个确定的数量和内容，那么一旦当前各个业务系统中的基础数据不一致，就说明交互体系出了问题，这种问题会影响到业务。而在业务出现问题的时候，反向寻找，进而发现数据一致性的问题并更改和同步，这样无疑会造成巨大的资源浪费。比如，一个人员离职了，那么他所对应的账户就应当及时关闭，甚至所有系统中他所对应的账户都应当及时关闭，这样就不会因为账户状态的同步异常导致人员离职后依然拥有某些系统的权限。

同时，主数据管理是很多企业信息化和数据化工作的基础。

1. 应用集成

当系统间需要进行数据交换时，这样的数据可能成为一条交易数据，而交易数据通常会引用一条或多条基础数据，如果没有主数据管理，那么交易数据的传递必然需要进行两个系统间的基础数据映射工作。当进行大面积基础数据映射工作时，就会形成网状结构，数据将难以维护。

2. 基础数据质量提升

主数据管理工作的开展可以有效提升基础数据的质量，让基础数据的内容完整且符合模型设计的预期，同时能够准确地反映当前客观实体的状态。

3. 主数据标准是数据管理标准的一个重要组成部分

我们可以将主数据管理的相关标准纳入主数据管理体系，提供统一的数据标准管理服务。

4. 主数据管理组织是数据管理组织职能的一部分

主数据管理组织和行使职责应当通过数据管理组织和行使职责进行统一安排。

5. 主数据管理是实体标签画像的基础

只有以标准的主数据管理为基础，实体的交易数据、行为数据收集才会有一个可靠的核心，而在这个基础之上建立起来的标签体系才更加可靠和准确。

1.3 主数据管理与其他信息化工作的关系

1.3.1 与信息化建设的关系

在讨论企业信息化建设前，我们必须了解企业为什么要进行信息化建设。对于这个问题，每个企业都有自己的答案。企业信息化是现代企业管理水平先进的标志。企业能否在信息化建设上有所突破，也是企业自身在行业里是否拥有竞争力的一种表现。当企业经营到一定规模时，对有效和科学管理会有更高的需求，在正常生产经营的同时，有效、合理、科学地减少冗余和重复的工作，并及时、有效地传递准确信息，是现代企业规模化发展的战略方向。基于此，企业信息化建设被提上日程，开展如 ERP（企业资源管理计划）、OA（办公自动化）、HRM（人力资源管理）等信息化建设。

随着企业信息化建设进行到一定阶段，企业在不同业务领域建立了众多的信息系统。由于企业没有进行统一规划，只是为了满足当前业务需求而建立各部门级信息系统，所以在各个信息系统投入运行后，大家会发现在各部门、各业务之间进行线上沟通时，往往会由于多头维护导致的名称不一致、编码不统一、分类不统一等各种数据标准规范不统一而出现数据无法识别、沟通时间较长、业务沟通不畅、影响业务效率等问题，即导致了数据标准的混乱和业务的割裂。由于信息系统建设在前，缺乏统一的规划建设，导致企业的主数据达不到一物一码，以及统一管理、分发及应用，这时企业就需要专门针对各类主数据进行统一的管理、分发和应用。

主数据管理是通过组织体系、规章制度、IT 工具对企业主数据进行数据标准规范化的过程。当企业信息化建设进行到一定阶段时，主数据管理成为企业的必经之路。企业需要通过主数据管理将自身的各类主数据进行统一，使主数据打通各业务链条，统一数据语言，统一数据标准，实现数据共享，提高企业整体的战略协同力。主数据管理既是一项技术工作，也是一项管理工作，主数据的持续规范与优化改进，需要主数据管理组织的推进和监督。通过主数据管理，建立企业的数据标准规范，提升数据质量，提高数据资产价值，实现数据的集中统一管理，改善 IT 架构，在企业范围内共享数据标准规范，为企业数字化转型提供良好的数据基础。

1.3.2 与数据化建设的关系

企业作为社会的重要组成部分也在经历着同样的信息化过程和数据化过程。我们所定义的企业数据化工作指的是，利用信息化建设所产生的所有数据和其他内外部数据进行加工和挖掘，产生更多的高价值数据，并把这些高价值数据应用于企业经营和管理。

按照这一定义，其实企业很早就已经开始了数据化工作，如制作各种统计报表的工作、传统的数据仓库和商业智能建设工作、数据挖掘工作等。

规范、有效的主数据管理使数据化工作正常运行、业务流程正常流转、集团各单位报表数据准确无误，这是领导正确决策的基石，更是对企业数据进行全面统计分析的基础。同时，在进行数据仓库和商业智能建设时，主数据与其有着很强的关联关系，主数据管理系统是重要的数据源头。

因此，主数据的统一管理、规范管理、持续优化、组织保障是企业进行数据统计分析、精准决策、数字化转型，以及提升管理水平等的基础保障和有效措施。

1.3.3 对企业管理本身的意义和价值

企业管理是对企业生产经营活动进行计划、组织、指挥、协调和控制等一系列活动的总称，是社会化大生产的客观要求。进行企业管理，即尽可能利用企业的人力、物力、财力、信息等资源，实现多、快、好、省的目标，取得最优的投入产出比。

主数据是企业最重要、最核心的数据，是企业开展业务和信息化建设的数据基石，是企业业务流转和系统建设高度共享的高价值数据。只有主数据做好了，所有的主数据都说得清、数得清、管得清，才能为企业管理提供高质量的数据基础，使企业远离高成本和高风险。

主数据的主要意义和价值如图 1-1 所示。

图 1-1

1.4 主数据管理与数据治理的关系

企业数据化建设是一项体量庞大的系统性工作，这个过程中所涉及的知识体系和各种子任务也是繁多的。同时由于我们所参与的数据化建设的阶段、目标不同，出现了各种数据化建设相关的工作，如主数据管理、数据仓库、数据中心、数据中台、数据分析、数据挖掘、数据质量、数据治理、数据管理、数据资产管理等。每种工作由于工作视角不同，并且为了保证工作的整体完整性和效果，不得不设计一套相对完整的工作内容体系。当我们把这些工作内容进行体系拆分时会发现，各种数据化工作中存在很多重复性工作。因此，当我们把这些工作排重组合后，也许可以形成数据化工作的全集。

但各种数据化工作都从事过的顾问很少，这造成了某些体系之间的冲突和整体视角的混乱。而当前，企业的整体数据化转型已经迫在眉睫，我们不得不从整体视角去看待这个问题，这也给了我们对各种数据工作内容重新划定边界的一个机会。

我们再次回顾几个主要的数据问题，首先是工作对象、数据，我们可以把数据分成以下几类。

（1）基础数据、实体数据、主数据、维度数据、参照数据等。

无论采用什么称呼，这些数据大多数描述的是客观实体或一项核心任务，后续所有发生的行为都会由这些实体产生或围绕这些实体而进行。

（2）交易数据、信息系统数据。

这是一类重要的行为数据，通常会涉及钱、职责等非常重要、关键、严肃的事情或行为，我们所了解到的传统信息化系统所记录的大量业务数据都应当属于这类交易数据。

（3）行为数据、大数据。

这是一类数量非常大、看起来没那么重要，且记录的过程也不是非常严谨的关于实体行为的记录数据，如记录机器的日志数据、记录线上购买者行为的埋点数据、记录汽车行为的行驶轨迹数据等。这些数据通常用于构建标签画像，后续的应用同样会产生巨大的价值。

（4）统计汇总数据、计算结果数据。

这类数据包括指标、标签，以及所有基于上述三类数据计算得出的数据。这些数据在计算之前应当证明业务的需求及其业务价值，因为这些计算是需要花费大量存储资源和算力的。这些数据将直接或者间接地作用于人或者机器，然后产生业务价值。

相对于工作对象、数据，我们把企业数据化建设分解成两部分内容。

（1）数据生产工作。

数据生产工作是把企业中所有的数据汇聚在一起，物理上存储在一个统一的数据仓库中，同时逻辑上归入一个完整的数据模型，然后在这个模型中进行各种各样的数据加工和计算，以产生新的结果数据。这些结果数据会通过各种渠道反作用于业务，解决业务问题，产生业务价值，如提升营收、降低成本、提升效率、控制风险等。这就是我们经常说的数据驱动或数据产生价值。

在数据生产过程中有以下几个关键的阶段。

① 数据产生。

② 数据采集。

③ 数据清洗。

④ 数据存储。

⑤ 数据加工。

（2）数据治理（管理）工作。

数据生产的过程并不是一帆风顺的，需要经历各种各样的问题。比如，在基础数据这个层次，就可能出现有多个数据版本的问题。在业务数据中，我们会发现很多数据有不同程度的缺失，甚至有些数据的数值明显与其定义和常识相违背；在行为数据中，通常会存在噪声数据等。但不管问题是什么，其最终的表现都是数据不准确。这就像在企业中生产产品一样，无论是流程制造还是离散制造，总的来说，各种物质、物体不断变化、组合或分解，最后从原料、部件变成成品，这个过程中无论工序多么标准、过程多么顺畅，如果没有标注、质量、安全等体系提供支撑和保障，那么最终的产品都很可能出现问题。而数据治理就是数据生产主线的保障体系。

我们认为数据治理工作至少应当包含以下几个部分。

① 数据标准。

② 数据组织。

③ 数据质量。

④ 数据安全。

至于其他数据治理体系规范中所提及的数据治理工作，有些与数据生产体系的内容重合，有些相对次要，所以暂时不做讨论。

数据治理涉及数据生产流程中的每个阶段和每个方面，可以说，数据治理体系稍有缺失或体系运转时的程度稍有减弱都会很快体现在最后的数据成果上。因为本书重点讨论的内容是主数据管理，主数据管理应当归类于基础数据领域，是数据生产体系基础层的内容，所以我们从主数据管理体系来介绍主数据管理体系与数据治理体系中的几个核心部分的关系，同时再做适当的引申和延展。

1.4.1 与数据标准的关系

没有规矩不成方圆，数据标准是数据治理或整体数据化建设的核心。在主数据管理体系中，主数据模型、主数据管理规范、主数据共享技术规范都可以看作数据标准。我们希望将所有数据生产线路上的规范都统一纳入数据标准管理体系。

同时，数据生产过程中的每个环节都需要数据标准的支撑。

数据按照数据层级划分，如表 1-1 所示。

表 1-1

数据类型	相关标准
基础数据	主数据模型 主数据管理规范 主数据共享技术规范
交易数据	业务数据模型 业务数据管理标准与流程
行为数据	行为数据模型

数据按照数据生产过程划分，如表 1-2 所示。

表 1-2

数据类型	相关标准
数据采集	数据采集规范
数据建模	数据仓库模型、数据仓库模型设计规范
数据加工	数据开发规范
数据统计	指标、标签定义规范 指标、标签管理规范

数据标准工作包括以下几个部分。

（1）标准制定。

（2）标准执行。

（3）标准执行效果评估与考核。

（4）标准的维护与修改。

这些数据标准工作是分散的，涉及的范围十分广泛，关系到各个专业的领域和部门，且必须由不同的专业人员参与制定和管理。另外，这些标准具有很强的共性及权威性，需要进行统一管理和维护，同时需要对执行过程进行监控和对执行效果进行评估，在出现问题或环境发生变化后要及时调整和维护，所以统一的数据标准管理、运营体系是必需的。

笔者建议针对数据标准成立标准管理委员会。这个委员会的定位一定要高，具有比较高的权限和比较强的专业能力、决断能力。

同时，这个委员会应更偏重于一个虚拟的组织或一个小规模的实体组织，因为这个团队所涉及的工作，需要依靠众多的团队、企业内的业务专家，以及企业外的专业服务团队来一起完成。

1.4.2 与数据组织的关系

与数据生产、加工、治理、管理相关的岗位都可以纳入数据组织的范畴。而且，由于我们对数据工作的重视和数据管理架构被企业引入，企业需要从数据工作的视角建立体系化的数据组织。

我们可以把数据组织分解为两个主要部分。

第一部分是完全以数据工作为核心和主要工作内容的全职数据工作组织。这就和我们在进行企业信息化建设的过程中，要设立信息中心、信息管理部门，甚至设定首席信息官职位一样，当企业进入数据化转型阶段时，我们也希望构建数据组织。

数据组织的职能应至少包含以下内容。

（1）进行企业数据化转型的战略设计及规划工作。

（2）进行企业数据化整体架构工作。

（3）搭建企业数据化建设平台。

（4）搭建数据治理架构，进行数据治理。

（5）与业务部门一起进行数据应用建设与应用创新。

（6）不断完善数据组织并进行组织建设，以符合企业数据化转型的需求。

数据组织中应当包含以下角色或者岗位。

（1）数据分析师。

（2）数据架构师。

（3）数据开发团队。

（4）数据应用产品经理。

（5）数据治理团队。

第二部分是兼职的数据管理工作者。因为除了单独的数据组织部门，还有很多数据工作需要开展，所以我们需要在企业其他岗位中增加很多数据化相关工作内容和职责要求。比如，在进行主数据管理的过程中，数据模型的定义可以由专职的组织来完成，数据规范也可以由专职组织进行管理。但是，在数据产生的过程中需要各个部门和岗位的配合。比如，从以往情况来看，当数据质量出现问题时，需要对传统的数据产生和管理方式进行调整，所以需要其他部门的配合，如在进行项目主数据管理时，项目的命名就可能需要多个部门的共同参与，同时需要知会上下游的相关部门和岗位。

有时，我们也会把这些岗位和增加的工作职责纳入数据组织的范畴，这样能够更加完整地看待所有与数据相关的岗位和职能。

数据化建设是一项体量庞大且复杂的工作，在其他数据化工作体系中，数据岗位的划分可能更加烦琐和复杂，建议采用以下原则进行职能划分。

（1）工作饱满性原则。

当企业规模巨大、工作量巨大的时候，应考虑进行岗位拆解，将工作进一步细分，提升工作处理效率。

（2）工作必要性原则。

从企业实际情况出发，做针对性的问题解决和岗位设置，而不是因为需要岗位而设定岗位，或者人为增加工作复杂性而构建更加臃肿的组织。

（3）工作不可替代性原则。

对于某些行业和企业，只有在岗位不可由外部服务厂商替代的情况下，才建议设置内部数据岗位。在很多情况下，企业只保持数据分析、架构等核心岗位就能够与外部服务厂商一同为企业提供相对完整的数据化服务。

对于主数据管理工作，从主数据建模、主数据标准管理，到业务中的主数据管理与维护都离不开数据管理组织的支撑。

1.4.3 与数据质量的关系

很多失败的数据应用，第一理由都归集为数据质量问题导致最后的交付结果数据不准确，以致业务部门最终无法采纳。那么，什么样的问题才算作数据质量问题呢？当数据中很多字段存在大量的空数据时，这是由于数据质量存在问题，还是由于数据模型设计得不合理？

主数据管理最核心的价值在于提升基础数据的整体数据质量，保证数据的及时性和准确性。

1.4.4 与数据安全的关系

主数据是企业的黄金数据，其数据价值不言而喻，所以如何保证主数据的使用安全是我们必须关注的内容。主数据应当完整纳入数据安全管理体系，从数据存储安排、防止窃取和泄露等诸多方面予以全方位的保障。

方法篇

在方法篇中，我们将全面阐述关于如何进行主数据管理的完整过程，并且对这些过程进行拆解，然后讲述每个过程的做法、成果物，以及每个过程之间的关系。

主数据管理前期调研

主数据管理属于领域类业务，当企业的信息化、数据化发展到一定阶段的时候，大部分企业都会对主数据管理产生需求。对于提供主数据管理服务的厂商而言，其需要面对不同行业，如何能够快速理解行业特色及企业业务是主数据服务厂商的必修功课。每个主数据项目开始之初都需要对企业进行全面了解。

2.1 企业业务情况

2.1.1 了解企业概况

我们可以在主数据项目开展之前就对客户企业进行基础情况的了解。我们可以通过企业网站、网上相关资料的收集获得企业的基础情况资料，如果是陌生行业，那么需要进行行业业务的学习，了解行业基础知识或阅读行业报告。如果是上市企业，那么还可以阅读其近年的年报。我们希望通过这些工作获取以下企业信息。

（1）客户所属行业及行业业务经营特点。

了解客户所属行业及行业业务经营特点、行业产值，以及行业内企业的分布情况和资金、资产、设备、人员、技术等生产要素情况。

（2）客户营收情况及人员、资金规模。

了解企业的经营状况、人员规模、业务分布、行业地位等信息。

（3）企业近年来的大事记及战略规划方向。

2.1.2 梳理企业业务情况

梳理企业业务情况，是为了让我们了解一个企业的基本运转情况。无论何种体系，我们都可以从两个方面来进行了解，一个是静态的组织、框架，另一个是动态的运转情况。笔者是应用系统架构出身，在进行各种业务系统模型设计时有两个主要的抓手，一个是接口类模块的设计与划分，这是一个切分职能的过程，另一个是时序图、用例图，这是“跑通”业务场景、验证静态架构的过程。这两者结合在一起，一个有机的有骨架、有血肉、能运转的系统模型就设计出来了。

笔者在后续的实践过程中，将此方法用于企业业务调研，发现同样有效。经过进一步的总结，我们在企业业务调研中主要抓三个方面的内容。第一，静态内容，如组织、部门、岗位、职责；第二，动态内容，如业务流程、业务场景；第三，各种公司的制度、规范及战略资料。

我们在进行企业业务调研时可以通过收集以下资料来了解企业业务。

1. 企业组织架构及部门职能说明

如果是集团型企业，还需要关注其管理类型，如是投资管控型还是战略管控型，抑或是经营管控型，不同的管理类型对主数据管理的模式影响会很大。如果我们已经对企业所处的行业较为了解，那么我们对这个体系大致的组织机构也会形成一种基础的轮廓认识，当我们看到这个企业内不太熟悉或较为特殊的部门时，就需要更加留意。

2. 企业部门岗位规范及岗位职责说明

我们要阅读部门岗位职责手册，了解部门岗位职责及部门的整体状况。如果再知道每个岗位的人数分布，就能更直观地量化、了解各岗位。

3. 企业业务流程和业务场景

企业日常业务通常会按照预先设定好的流程进行处理。

企业的业务流程通常是分层描述的，先描绘整体流程、大流程，再向下层层分解。对于第一步的调研来说，只要了解到部门级别的业务流程就能够满足要求了。在进行主数据管理成熟度评估时，再从该主数据管理的视角进行深入调研即可。

我们对企业组织和岗位职能的理解是对企业静态的理解。企业是一个运行的体系，每天都处于各种业务场景中不停地运转，所以对业务流程和业务场景的了解就是对企业运转情况的了解。

4. 企业年报等资料

关于一个行业的理解我们可以提前做功课，如阅读相关的行业报告，或者通过阅读企业的年报等资料进一步了解企业的整体经营状况。

以上提到的这些要求，是主数据管理工作中对业务理解的要求。对企业的业务理解本身是一件需要经验积累的事情，主数据管理更是考验一个顾问对企业业务的快速理解能力。当前阶段的调研是相对概要的了解，以快速了解企业基本业务情况为目的，以便我们能够和用户进行很好的交流。当我们进行主数据管理规范设计时，还需要针对每一个主数据进行更加深入、细致的了解和调研。

5. 企业的其他规章制度

收集和阅读企业的其他规章制度。

2.1.3 了解企业信息化现状

主数据管理关系到企业的实际业务和基础数据标准，需要依靠信息系统实现最终的价值体现。

如果没有大量异构信息系统的存在，主数据也就失去了存在的土壤和价值。所以我们在了解了企业业务情况后，接下来就需要了解企业当前的信息系统。我们所关注的信息包括以下内容。

（1）企业内的主要信息系统，尤其是和主数据紧密相关的、需要集成的信息系统。

① 获取各个信息系统的操作手册和功能说明书，了解信息系统的详细信息。企业信息化建设具有很强的个性化特性，由于对信息系统的认知有限，我们很难从信息系统的名称及以往的项目名称中得知某个信息系统的功能和边界。信息系统的操作手册和功能说

明书都有助于我们了解某个信息系统的使用范围和功能点。

② 了解各个信息系统的技术框架，包括了解信息系统的书写语言、了解信息系统使用的数据库、了解信息系统的部署方式等内容。

③ 了解各个信息系统的供应商情况。了解现有信息系统的供应商情况，如厂商名称、当前服务的阶段、甲方和该厂商的合作状态是否良好等信息。在主数据管理实施阶段，我们需要进行较多的应用集成工作，需要对每个应用系统都进行不同程度的改造，所以了解当前厂商的情况对方案制订和后续实施都非常必要。作为成熟的主数据服务提供商，了解各类典型应用和应用的提供厂商是很重要的一部分积累工作，如果能够提供已有的标准和曾经的集成成果则能够减少部分开发工作。

（2）了解主数据对应的业务基础信息。

① 了解主数据对应的基础数据在系统中的定义。通常主数据管理成熟度较高的主数据，其定义是大家相对公认的。但即使这样的主数据，在其定义中的几字之差也可能影响数据模型、数据范围等众多因素。

② 存储数据库表结构。通过表结构了解基础数据的属性项。

③ 了解数据量。

④ 了解数据完整性及规范性。分析当前的数据情况，检查数据完整度和数据准确度，包括数据填报是否规范等。

⑤ 了解数据管理状况。从数据管理角度看数据管理的管理流程，最好明细到属性级别，对维护的管理部门、管理岗位、管理实践、管理依据等内容进行详细了解，对所有引起主数据内容变化的业务场景进行统计。

2.2 主数据管理情况调研

2.2.1 主数据管理情况摸底

主数据管理情况调研需要首先约定调研的主数据范围，这与项目前期的约定范围紧密相关。我们通常建议从主数据管理项目中选择 2 ~ 3 个主数据进行主数据管理建设，在收到成效后再进行范围的扩大。这涉及主数据项目实施策略问题，我们会在后续内容中重点介绍。

我们从以下几个方面开展主数据调研，并给出管理成熟度评估。

1. 主数据的数据状况

在进行数据状况调研时，我们通常会收集企业中关于这类主数据在各个系统中的全部现有基础数据，不管这种数据分散在多少个系统中，我们都期望获取这些数据的所有内容，这些内容如下。

（1）数据的定义和模型。

（2）具体的数据内容及数据清单。

通过这些信息的获取，我们可以直观地了解到当前数据的定义和使用情况。比如，数据定义是否清晰？使用的场景是什么？这么多数据之间是否存在重叠数据？同一条数据是否在各个系统中被多次维护和多次编码？等等。

2. 主数据的管理状况

对于所有涉及这种基础数据的管理流程、管理部门、管理岗位和管理时间点，我们都需要进行一一了解。如果企业可以提供完整的流程和资料则可以事半功倍；如果资料不全甚至缺失，那么我们只能以调研问卷和关键岗位访谈的形式开展工作。主数据的管理状况包括的内容如下。

（1）数据的管理部门：是由一个部门管理还是由多个部门共同管理？

（2）每个字段的获取途径和获取依据。

（3）每个字段的维护人、维护时间和维护场景。

（4）数据的维护系统：是一个系统还是多个系统？

3. 数据的共享状况

调查某些成熟度较高的主数据的前提是已经在系统间进行了基

础的数据共享工作，抑或是在管理制度上有所保证，让数据有一个权威的部门和出处，以便进行数据的统一和维护。

2.2.2 主数据管理成熟度评估

主数据管理成熟度评估，是依照主数据管理的最终目标对当前主数据管理进行综合评价。主数据管理成熟度评估有利于确定该主数据进行数据管理的切入点和重点关注内容，这也是对企业当前主数据管理现状的一次综合摸底。主数据管理成熟度评估同时也利于我们客观地估计主数据管理项目的规模和复杂程度，为项目的开展提供前期评估。

主数据管理成熟度的评估指标如下。

1. 是否有明确和清晰的模型定义，且能合理满足企业应用需求

较为通用的主数据模型相对简单，也相对便于进行模型定义。而对核心业务的主数据模型进行定义或者对具有颗粒度要求的主数据进行定义较为复杂，不仅需要对业务模型进行深入理解，还需要良好的建模能力和一定的决策力作为保障。

好的主数据模型应当能够满足企业中各种角色和系统的使用要求。

2. 是否有完整的管理制度和流程

从组织的视角保证主数据的管理。

组织保证是主数据管理最基础的保障，如果保障体系不健全，则无论技术上的支持多么有力度，最终的数据成果都无法很好地落地。

3. 是否有系统支撑该主数据的线上管理，即主数据管理系统

在主数据管理系统中可以看到完整的、准确的、及时的主数据信息，并且数据是按照规范录入的。

主数据管理系统能够为主数据管理组织提供系统支撑，能够将设定的管理流程在系统中实现，能够依照数据录入规范进行必要的约束和校验。最终通过组织和技术两个层面的保障得到的主数据应该是完整、准确且及时的。

4. 主数据是否可以在各个系统方便地共享

要建立一套有效的集成体系，让主数据在各个系统中共享，其中包含主数据服务规范的建立、每个系统的应用集成改造和对接等内容。另外，要有标准的服务规范支持数据的分发与共享，在这个规范下其他应用系统能够获取主数据并在各自的系统中使用，但系统中的基础数据信息如果与主数据信息重复，则应当以主数据为准。

5. 主数据质量的监控体系

要建立一套基于技术的监控体系，能够评判主数据管理的成果，及时发现体系中的问题，进而促使管理体系对管理职责进行监管，以及对技术体系中可能出现的问题进行盘查。

6. 主数据管理体系的适应性

当外部环境发生变化时，主数据管理体系要能够进行及时的改变和调整以适应环境的变化。

与主数据相关的规范在外部情况发生变化时，有可能存在不能满足企业需求的状况，如新增加主数据管理、新引入应用系统、主数据模型不能满足需求等，这个时候就需要对当前规范进行调整。启动主数据管理规范调整程序，通过严格的程序来控制主数据规范的调整，并保证规范调整的科学性、严谨性及实用性。

3

主数据建模

3.1 主数据建模概述

主数据建模就是用元数据描述业务实体的过程，从业务视角说，就是给出一个描述主数据的二维表表头的过程。比如，人员主数据概要内容（示例）如表 3-1 所示。

表 3-1

属性名称	英文名称	数据类型	备注
人员 ID	personID	字符型	
人员姓名	personName	字符型	
人员所属组织	unit	字符型	
人员年龄	age	字符型	
人员性别	sex	字符型	
所属岗位	post	字符型	
直属上级领导	immediateBoss	字符型	
……			

表 3-1 中是一个主数据模型核心的内容。技术架构师在与企业业务部门确认结果后，还会把这种业务逻辑模型转变为技术模型。主数据模型最终也将成为企业数据标准的一个组成部分，也将纳入数据标准管理体系管理的范畴。

我们在主数据建模的过程中遵循以下原则。

1. 充分参考用户业务系统模型

和每个应用系统的模型设计相似，主数据模型设计应当以用户的业务模型为基础和重要参考。熟悉用户业务现有基础数据模型是主数据模型设计的基础和基本保障。

2. 满足应用系统的需求

主数据模型必须能被各个应用系统使用。因为主数据管理系统是所有应用系统基础数据的源头，所以，如果我们的主数据模型不能被各应用系统使用，则代表主数据模型设计失败了。即便是应用系统基础数据模型设计与常规设计不相符，也可以在主数据模型设计上稍做调整，以满足当前应用系统的需求。

3. 模型设计的颗粒度宁细勿粗

细颗粒度的模型可以更好地满足每个应用系统的需求。比如，很多系统不能很好地区分用户和人员模型，对组织模型数据也不敏感。而主数据模型在设计时通常会明确区分用户和人员模型，如果企业内存在多个组织，则按业务分成多个组织模型，只需要建立模型间的对应关系和保持后续数据的联动。

4. 与主数据关联的参照数据或其他主数据，也需要纳入主数据设计范畴

被主数据引用的要么是参照数据要么是其他主数据，按照这种主外键关联起来的数据最终会形成一个串或一张网。如果按照业务重要性进行排序，那么每个重要的业务主数据后面都会关联多个参照数据或其他主数据。同时几个比较重要的主数据也会互相引用和关联。我们在进行主数据模型设计时，需要对其引用的参照数据进行设计，以及对属性中的枚举数据进行定义。

主数据建模是主数据管理的第一步，很多数据在进行主数据成熟度评估时，主数据模型是否相对稳定是其一个重要的评估要素。如果通过调研发现，这个主数据的模型在业务角度的定义是模糊的或不一致的，那么这个主数据的成熟度就比较低，需要从第一步做起。

以上仅是主数据建模的一些原则，主数据建模工作的实际产出物需要包含以下内容。

（1）当前主数据的明确定义。

我们通过主数据的定义来了解这个数据模型描述的是现实中的哪些客观存在。主数据通常描述的是“物”，业务数据通常描述的是“事”,所以主数据的定义让我们知道了要描述的“物”是什么，以及范围有多大。

（2）主数据所需要包含的常规属性项。

即使同一个客观事物，由于其所处的环境不同，所关注的要素也不尽相同。我们需要找到这些属性，并明确定义这些属性。

（3）主数据中引用其他数据的属性项。

这类属性往往对应一个参照数据或其他主数据，有时也可以对应一个简单的枚举数据，数据内容可以在属性项中做直接约定。

每个主数据的这种类型的属性都代表一种对主数据的观察视角和一种分类。分类有助于我们对主数据的认知、使用和查找。

（4）主数据的编码。

主数据的编码，是用于业务理解的编码，是主数据的唯一标识符。

3.2　主数据的定义

我们需要对每一个主数据所描述的客观实体进行定义，定义是对客观存在最直接的一种描述。我们可以通过主数据的定义对数据有一种相对整体的认知，并确定主数据的数据范围。

比如，人员主数据的定义是“描述企业中所有在职、离职，以及离退休的员工”。我们可以从这个定义中看到，这个主数据描述的是企业员工，理论上应当不包含股东，描述的对象是一个自然人，数据的范围是所有在职的员工、已经离职的员工和所有离退休的员工。

主数据的定义应当清晰、明确，并且在企业内进行意见征询后再作为数据标准公布。

3.3　主数据的编码

制定主数据编码规范一直是企业信息化建设中的一个难题，企业往往会在基础数据编码的梳理工作上花费大量的人力和物力。

随着主数据管理的引入，企业编码过程中遇到的很多难题会得到解决。

1．编码的作用

（1）实现“一物一码”。

这里所指的一物一码，有两个概念：一个是实体码，即一个实体一个编码；另一个是类别码，即一种类别一个编码。实体码是指对某一具象的事物进行的编码，如一个人、一个设备、一个企业等；类别码是指对一类具有相似属性的事物进行的编码，如一种产品、一种物料等。编码是唯一识别企业每个主数据或某类主数据的依据。

（2）获得数据信息。

通过制定有业务含义的编码规范，使编码具备特征含义，在使用时，可以进行初步的人为解读。例如，身份证信息的编码规则。

（3）高效性和可读性。

编码规范要充分利用数字符号来表达业务含义，编码规则要相对稳定，切忌变动频繁，编码长度不宜过长，否则会增加人工编码的工作量，其他业务含义可以作为属性字段来进行描述。

（4）便于管理。

主数据有了编码规则后，数据的增、删、改、查等操作都可以查核，数据会更加准确，会减少“一物多码”“一物多名”等现象，提高数据管理的工作效率。

2. 主数据对编码工作的扩展和支持

主数据管理系统的引入和企业信息化程度的增强可以很好地解决上述问题。

（1）可以编制流水码。

当前的主数据编码提倡的是无含义流水码或包含一些不可变属性的对照码，如数据产生日期这样的信息。所有编码中希望看到的信息，都可以通过信息系统和主数据管理系统的属性信息获取。随着信息化程度的加深，信息系统对业务的覆盖度逐渐提升，业务处理在系统间形成闭环，需要人员阅读编码内信息的场景也来越少，直到逐步消除。

（2）可以扩展属性集合。

主数据管理系统可以在应用过程中，对数据属性进行动态的扩展。

（3）可以编制助记码。

以往编码规范制定的一个矛盾点就是流水码和有意义码的取舍问题。业务部门总是希望将大量的业务信息放在编码中，从而便于业务人员处理，甚至在很多场景中，熟练的业务人员看到某种主数据的编码后就会立刻得到很多有关该物品的信息。既然是属性信息，那么就存在着变动的可能，但编码的核心要求是一次编码、永远不变。所以，我们可以在主数据主编码之外编制助记码。助记码有助于业务人员直接获取和使用数据的属性信息。

3.4 主数据的属性

当主数据的定义和编码规范确定后，就需要确定主数据的属性内容了。属性代表使用者对业务实体关注的特性要素。

对于一个人来讲，他的身份证上所写的信息一定是从社会角度来看人们所关心的核心信息：姓名、公民身份号码和住址，我们还可以从公民身份号码中看出这个人的出生年月和性别。如果这个人去看病，那么医生关心的就是身高、体重、血型、过往病史等信息；而当这个人在企业工作时，企业就会关注他的入职时间、岗位、学历等信息。另外，笔者曾经接触过一个监狱管理系统，囚犯属性中还有一个叫作“绰号”的字段，可见属性范围内并没有限定的内容，但应遵守一些业务规则和标准。

主数据的属性信息从何而来？主数据的属性信息应当首先基于业务运转过程中的积累，同时也可以借鉴国家标准、行业标准、行业内头部客户的标准。

那么我们可以通过以下途径进行主数据属性信息的收集。

1. 现有信息系统

当前的企业大多数只能使用软件厂商提供的现有数据模型。我们可以利用现有信息系统对基础数据的描述获取大量的主数据属性信息。

2. 业务资料、业务单据

企业在业务开展过程中，必定会对关键信息进行记录，大量的业务过程和业务单据记录的基础信息内容，都可以成为主数据属性选取的素材。

3. 对业务骨干的调研与访谈

对于成熟度较低、数据模型并不完全清晰的主数据，我们在进行主数据属性项调研时需要再次与业务骨干进行深入沟通，业务骨干对基础数据的描述也具有较大的参考价值。

通过以上工作的开展，我们可以获取一份主数据属性的基础资料库。我们可以将这些属性做初次整理，同时制定属性选择的策略，最终由项目组给出一份主数据属性确认表，既作为建模阶段的成果，也作为后续工作开展的依据。

主数据属性的选取往往涉及数据属性多少的问题，在这里我们只讨论主数据的普通属性，先不涉及其分类属性和编码。

主数据的属性获取通常有两种途径：一种是在所有与之对应的基础数据上，将获取数据属性的总和作为属性选取的来源；另一种就是根据数据模型设计的理念来进行数据属性设计。但无论是哪种设计模型，我们都要面临将多少种属性放入主数据中的问题。

首先我们先把主数据的属性进行大致归类。

1. 基本属性

基本属性是对主数据本质的描述。从需求的角度讲，基本属性在各个系统都需要使用，是企业十分关心的一些属性。比如，在人员主数据中，人的性别、年龄、手机号码、邮箱、所属部门、所属单位、职级、职务等信息都是基本属性。

2. 业务性属性

业务性属性是在比较专业的系统中的特定信息，如人员主数据中的入职时间、是否为专业军人、是否为党员等信息。这些属性是某个部门或业务人员出于自己的管理目的而对主数据属性做出的要求。

3. 统计属性

统计属性并不取决于主数据本身，而是由于业务的发生而产生的统计分析性属性。比如，产品主数据中的本月销售数量、是否为畅销品等信息都是统计属性。

首先，我们认为主数据的属性项中不应当包含统计属性信息，如在一个信息系统的数据库表结构中，一个基础数据的表中一般不会包含统计属性信息，因为这样的统计属性信息的维度有很多（多变且不确定）。其次，统计属性信息是附加在这个事物之外的信息，数值受业务影响而并不由其本身决定。虽然这个属性的数值也需要在各个系统间共享，但是这样的属性以数据服务的方式通过统计系统发布会相对比较合理。

归类完成之后，就应选择可以进入主数据范围的属性了。主数据属性的选择有两种方式。一种方式是只选择该主数据最基础、最核心的基础属性，这些数据反映的是主数据最基础和客观的信息，也是各个系统都需要的信息。另一种方式是将我们发现的尽可能多的属性信息放入其中，以求在主数据管理系统中能够看到更多、更全面的信息。具体的选择策略如下。

1. 选择基础属性策略

主数据只选取最基本的属性，后续工作则专注于系统间的编码名称一致和系统间的数据共享工作。主数据管理项目的管理难度高，选取基础数据即可实现主数据管理 90% 以上的价值，所以我们优先推荐此种策略。

2. 选择大而全的集合策略

业务属性共享度低，可能仅在本系统中使用或仅由少数系统共用。如果将业务性属性纳入主数据模型，则主数据模型的变动会较为频繁。

在以往的主数据定义中，凡是需要共享的内容都希望进入主数据范畴，但我们建议这样的问题通过服务来解决。比如，在服务列表中增加获取人员“是否为专业军人”的服务，以及人员“是否为党员”的服务。这样既可以保证主数据模型的稳定，又满足了系统间数据共享的需求。主数据管理则应更加专注其本职的工作。

主数据属性的定义并没有严格的对错之分，即使将所有的属性都归入主数据中也可以，甚至可以说我们将越多的属性归入其中，主数据管理所能发挥的价值就越大，但这也恰恰是众多项目失败的地方。

设计其实是一个取舍的过程，我们的策略永远都是二八原则，即优先获取八成的价值。如果一定要追求剩余的两成价值，那么投入产出比就会变得不合理。所以我们建议在相对复杂的主数据管理体系构建过程中能够关注重点，优先解决核心问题。

3.5 数据的分类规范

3.5.1 主数据分类属性及其作用

对主数据进行分类有两种作用，一种是便于查找，另一种是便于统计分析。总的来说，对主数据的分类也代表了我们的一种观察视角。我们曾经粗浅地学习过，植物分类学最早的分类方式是通过性状进行分类，技术进步后就通过基因排序进行分类，但我们发现在一个城市的植物园中，对植物的分类则首先分为观赏植物和非观赏性植物。所以分类是一种视角，并没有严格的对错之分，只是更加通用的视角使用得更多，更为被人们所接受。

每当我们在主数据属性中加入一个枚举属性或引用另一个主数据时（无论是参照数据还是另一个主数据），都可以理解为这个主数据增加了一个分类属性。

比如，人员中加入了一个枚举的“性别”属性，这个性别属性中有三个枚举值，分别是“男”“女”“其他”，或者加入了一个“岗位”的参照数据属性。

还有一种情况是一个主数据引用了另一个主数据，这也会增加一种主数据分类。还是以人员主数据为例，其含有一个“所属部门”的主数据属性，这样我们就能够知道这个员工属于哪个部门。同时，部门主数据又是一个单独的主数据，人员主数据和部门主数据之间是参照引用的关系。

3.5.2 确定主数据分类属性的方法

每个主数据都有很多分类属性，针对这些分类属性，哪些可以纳入主数据范畴的判断方法类似于主数据应该包含哪些属性信息的判断方法。

通常我们希望将主数据描述实体的一些客观基本分类属性纳入主数据范畴。我们在对主数据进行统计分析或画像标签时，会根据需求对主数据增加新的分类属性，这种分类属性因分析的业务需求而增加，主数据管理体系也应当提供支撑能力。但在此种情况下，需要注意数据的补录工作。如果是标签类属性，可以由交易数据和行为数据计算得出；如果是一个陌生的分类，则需要进行一系列的动作才能够补齐数据，达到最终的目标。这类分类数据可以在主数据后续使用过程中添加，而不一定要在主数据模型定义之初就进行定义。

3.5.3 主数据分类的注意事项

主数据分类属性的确定工作中可能会出现一些问题，我们最关心的还是分类属性错误和错误使用分类属性的问题，以下为具体场景。

第一，有人总是认为数据应当只有一种分类属性，甚至认为应将各种因素放到这一个分类属性中去。就如我们上面所说，对于同一个主数据而言，添加的每一个枚举属性、参照属性，以及其他主数据属性都可以算作分类，只不过我们没有正式将其称为主数据分类。

第二，分类的本质是以某一种视角对当前数据进行划分的方法。比如，一个筐子里有一百个萝卜，如果按照体积分，可以分成大、中、小三类；如果按照颜色分，可以分成白色、红色、青色三类；如果按照品种分，可以分成白萝卜、心里美和小水萝卜三类。所以说分类可以有很多种，每个使用人的需求不同，其使用的分类方法也不同。所以在对一种主数据进行分类时，我们通常先按照数据的自然属性进行分类，因为这样的分类比较稳定，不会有大的变化。如果我们发现了一个新的视角，需要按照新视角进行重新划分，则应再引入一个新的分类属性。

第三，在主数据设计之初，了解到的、考虑到的属性都可以放进来，但是没有必要追求“全”。即使是专家也不可能把“未来”都考虑清楚，所以我们没有必要为不够“全”而感到焦虑。

第四，避免在一个分类属性中包含多种分类方法和视角。比如，第一层按照材料划分，第二层按照业务线划分，而第三层按照品类划分。采用这样的分类方法是由于分类人员没有理解分类的本质，致使分类混乱和错误。这种情况尤其易出现在产品分类和物料分类的时候。这样的划分只能让使用者感到不便，让分类人员和数据录入人员感到困惑并造成后续的数据分类归集错误。对于这样的错误，需要在设计分类属性时避免。

第五，进行复杂分类时需要制定相关的说明并进行举例，因为在很多复杂场景中，需要细化的标准。比如，对家具的分类中有一个材质属性，这个分类中有一项是金属家具，那么什么样的家具可以归类为金属家具呢？是有四条腿且是金属的就归类为金属家具吗？还是整个桌面是金属的就归类为金属家具？所以在具体的规范中一定要有所说明，让操作人员能够按照说明无二意地进行数据记录。

第六，数据的分类必须保证对目标内的所有实例采取单一视角，做到全部覆盖、不交叉和无二意。

3.6 主数据的颗粒度问题

在主数据管理过程中很多主数据都存在颗粒度问题，存在颗粒度问题的主数据的处理难度都较高。在这里，我们所说的颗粒度问题主要针对类别主数据。

我们先详细了解一下什么是颗粒度。颗粒度就是指不同视角下的主数据的数据量，人看事物的视角不同导致主数据的数据量不同。比如，当我们用某一种视角看待事物时，这些事物在我们的记录里应当是十条记录，如果换成另一个视角，那么有可能是一百条记录。所以大多数颗粒度问题都存在于一种存在分类性质的主数据中。而分类性质的主数据，即类别型主数据，在主数据管理系统中只对应一条主数据，如直径 20mm 的阀门，现实中无论存在多少个这类阀门，其备品备件编码都是 001，如果我们将颗粒度调细，变成 20mm 的单向阀门和 20mm 的双向阀门，那么这些现实中的物品就对应了两条数据。

通常来说，人员主数据、客户主数据、供应商主数据、组织主数据都不存在颗粒度问题，因为这些主数据所描述的客观对象，一个就是一个，一般情况下不会分成两个；而物料主数据、产品主数据、资产主数据则普遍存在颗粒度问题。

在很长一段时间里，我们在谈到编码工作和主数据管理时都会提到一个敏感词汇，即“一物一码”，并且把它作为主数据管理的目标。可是对于有些主数据而言，无论我们怎么划分，都不可能做到“一物一码”，而只能做到“一类一码”，那么这个“类”就宽泛了，分的细数量就多，分的粗数量就少。企业中几十万、上百万种物料，可以只有一个编码，称为“物料”，或者有十个编码，称为“金属”“设备”“备品备件”“燃料”“劳保用品”“润滑剂”，也可以再细分为 300 ~ 500 种。

如果我们还是觉得这个分类太粗，无法满足使用的需求，又无法再进一步分类，那么一个必要的概念就出现了，即“唯一性属性”。唯一性属性可以描述成，当这几个属性不同时，我们就能决定一个新的分类的产生。比如，在医药企业的产品主数据中，在化学药制剂这个大分类下，我们加入“通用名 / 品名”“规格 / 型号 / 级别”“最小包装规格”“最小包装单位”“生产企业”这五个唯一性属性，只要一条数据进入时，这五个属性不同，我们就认为产生了一条新的主数据，如表 3-2 所示。

表 3-2

通用名 / 品名	规格 / 型号 / 级别	最小包装规格	最小包装单位	生产企业
舒胸胶囊	0.35g	24 粒	盒	成都某公司
胸腺肽 a1 针	1.6mg	1 支	支	海南某公司
高锰酸钾粉	20g	1 瓶	瓶	河北某公司
高锰酸钾粉	500g	1 瓶	瓶	河北某公司
一次性薄膜手套	PE	1 只	只	上海某公司
玻璃拔火罐	2 号	1 个	个	郑州某公司
含氯消毒片	无	100 片	瓶	北京某公司
快速手消毒液	500ml	1 瓶	瓶	北京某公司

当我们能够认知主数据颗粒度问题后就会知道，“一物一码”的说法并不准确，应当再加上“一类一码”，因为“类”本身也是独一无二的。当这个类不再容易细分下去的时候，也就不存在颗粒度的问题了。如人员主数据，一个人就是一个人，不再由于某些视角让一个人变成两个人。通常来说，一个客户就是一个客户，如果以法人来界定，那么有营业执照的就是客户，一个营业执照就代表了一条客户记录。

主数据管理业务支撑体系建设

4.1 业务支撑体系的建设目标

由于以下原因，主数据业务管理体系并不是一套全新的体系。

（1）每个主数据都对应着企业内的一个业务实体。

（2）每个业务实体都有一个或多个对口的管理部门。

（3）每个应用系统都在各自维护基础数据。

所以，主数据业务管理体系并不是一套全新的体系，只是当我们从企业视角看待业务实体时，有了主数据的概念，而当我们在基础数据模型的基础上再次构建主数据模型时，希望再次优化其业务管理体系。

定义主数据后，当前的管理体系可能会存在如下问题。

1. 管理职责不明确

主数据及主数据的每一个属性都应当明确管理的部门和岗位。

2. 管理依据不明确

我们在对每个主数据及主数据的每一个属性进行管理和维护时，应当有相对严谨的依据。

3. 管理时间点不明确

主数据及主数据的每一个属性都应当规定维护时间和时效性。

4. 错误内容无考核机制

当主数据内容出现错误时，应有进行考核和奖惩的机制。

我们期望通过主数据业务管理系统的建立达到以下目的：在主数据的全生命管理周期内，对于每一个主数据和主数据的每一个属性都能够明确地回答是由哪个部门、哪个岗位在什么场景和什么时间依据什么进行数据管理和维护的。

4.2 主数据管理组织

对于主数据管理组织有两个方面的阐述。

一方面是主数据标准管理组织，这个组织所管理的是主数据相关的标准，如模型标准、填报规范、管理系统、技术体系等。随着企业信息化、数据化标准体系的建设和完善，我们可以将主数据标准管理组织融入数据化标准管理体系，这样整体的管理效率会更高，管理成本也会更低。

另一方面是主数据管理组织，这是针对每一个主数据的管理组织。主数据管理组织需要对主数据的全生命周期的管理负责。本节主要讨论这个方面的内容。

每个主数据都应有明确的管理组织对其进行管理和维护。在基础数据还没有上升为主数据时，其所对应的管理组织责任可能不是那么明确，管理意识也不那么强烈。所以当一个基础数据上升为主数据进行管理时，我们就希望明确地告知其责任组织，向其明确其职责，其责任组织对主数据维护的责任更重，价值也更大。

那么问题来了，主数据的管理组织如何确定?

通用主数据的管理组织一般比较容易明确。比如，人员主数据的管理组织通常是人力资源部门，财务主数据的管理组织通常是财务部门，行政主数据的管理组织通常是企管部门等。对于这样的主数据，很容易明确其管理组织。

然而对于产品、物料主数据而言，它们的管理组织如何确定呢?因为这类主数据对于企业十分重要，其维护工作又分散在众多部门之中。所以我们建议成立独立的标准化组织来专门维护这类数据。对于数据量大、操作频繁的主数据可以建立实体组织进行维护，对于操作量小或有其他原因的主数据，也可以建立虚拟组织进行维护。

在一个集团型企业中，对于某种主数据的维护，会存在权限问题。很多时候集团总部为加强管理，需要把数据维护的权限上收或和下级组织共同维护。我们可以在集团总部建立一套独立的主数据体系，然后和下级企业基础数据体系建立对应关系。

总的来说，组织的建设是必须和必要的，如果组织已经存在，就需要明确其职责，如果没有对应的组织，则需要建立起来，不管是实体的还是虚拟的。另外，在集团型企业中，需要根据集团的管控模式和主数据的重要程度进行数据管理职责的分配。

以下是某个主数据管理责任内容的摘要。

依据主数据管控模式、集团和下属公司的职责切分，体现“统分结合”的思路，现对集团和下属公司的针对主数据管理的各项职责进行划分，如表 4-1 所示。

表 4-1

主数据管理规范项	集团	下属各分 / 子公司
岗位职责	主导制定标准	配合集团制定标准； 主导公司级主数据标准的制定
编码	集团主数据编码	可根据集团主数据编码拓展下属各分 / 子公司的“业务层编码”
属性	管理集团层属性	管理集团层属性 + 公司层属性； 集团层属性从集团继承，无修改权限
管理流程	流程以主数据管控为重点，重点考虑主数据的新增、变更 、失效流程	不仅要考虑主数据管控，还需要考虑与业务环节的串接
系统平台	一般在主数据平台进行管理	需要在业务系统中进行管理； 业务系统与集团主数据平台需要集成

4.3 主数据的管理流程、维护时间和维护依据

4.3.1 主数据管理流程的确立

主数据管理流程制定需要找到所有主数据管理的业务场景，然后制定管理流程。而所有主数据管理的业务场景最后都可以用两个

行为维度进行组合。

1. 管理内容维度

（1）增加主数据。

（2）修改主数据。

（3）删除主数据。

2. 管理范围维度

（1）对一条数据进行操作。

（2）对多个属性进行操作。

（3）对某个主数据进行操作。

梳理主数据操作的所有业务场景，我们就能够按照两个维度对业务场景的数据操作进行描述，从而进一步设定管理流程。比如，人员入职场景，就是增加一条主数据，并且录入详细信息；人员转正场景，就是修改人员主数据的“人员状态”属性，将“人员状态”从“试用”修改为“入职”。此时如果有对应的管理流程，我们则需要把对应的管理流程设定为主数据的管理流程；如果对应的业务场景没有明确的管理流程或存在多头管理、管理责任不明确等情况，则应由顾问提出管理方法和原则，经过集体讨论后最终确认，同时将结果纳入主数据管理流程。

举例：项目主数据新增流程，如图 4-1 所示。

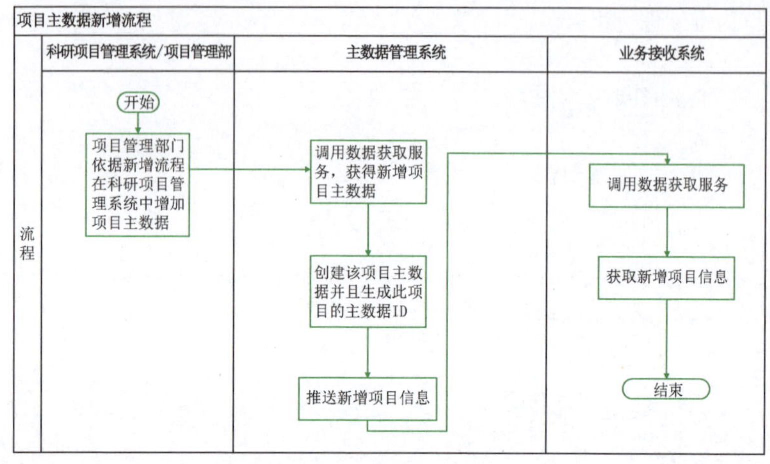

图 4-1

4.3.2 主数据的维护时间和维护依据

对于每个主数据都需要确定数据维护的时间点和依据。比如，对于人员主数据中的身份证字段，我们应依照员工的公民身份号码进行维护，必要的时候还要保留身份证的复印件作为参考依据。另外，我们通常也会对客商主数据中的组织机构代码字段进行维护，其维护依据是企业或组织的组织代码证，而且建议保留此证件的复印件作为参考依据。

在以往的数据维护过程中，许多人对维护时间点并不敏感，有时因为各种各样的原因导致数据维护不及时，甚至数据维护是由业务驱动的（到需要用时才匆忙进行维护）。这样的情景在以往数据分散的情况下好像无伤大雅，但是当这种基础数据成为主数据以后，则应将维护进行标准化和规范化改造。我们要求尽量在第一时间对数据进行维护，根据业务发生的场景明确地告诉数据维护岗位应在什么样的时间点来维护这些数据。

4.4 外生主数据的管理特点

外生主数据描述的是企业以外的业务实体，通常包括供应商、渠道、经销商、客户、消费者、公共服务机构等。这些业务实体是企业外部的合作对象和服务对象，这些数据也需要在企业内记录，甚至纳入主数据管理体系。其管理特点如下。

1. 业务实体是企业外部的交易方，企业的管理权限有限

对于供应链的上游单位，如供应商，企业还可以尽量要求其信息填报准确全面，但处于下游的渠道、经销商、客户等只能索取信息，且管理权限有限。尤其对于客户，其是企业服务的核心，没有义务为企业提供信息。

2. 数据的录入真实性和及时性依赖外部条件

数据的获取可以通过多种渠道，如业务人员记录或外部实体对象填报，但这些数据的质量低于内生主数据的质量。

3. 数据管理部门涉及企业内部的很多部门

如经销商或供应商从开始接触的销售或采购部门，到生产部门，再到仓储物流部门和财务部门，每个部门都对一些数据属性拥有管理权限。

4. 数据信息的需求量大但是获取难度高

当前的数据化管理尤其关注客户信息的获取和收集，业务团队在进行主数据模型建设的时候罗列了很多希望获取的信息，但是在现实业务操作中往往难以落地。比如，在某个企业的渠道主数据中，甚至包含了渠道法人的很多信息，如个人爱好、性格、是否喜欢饮酒、酒量等内容。

5. 需要社会公共信息服务

很多作为参照信息的数据可以参照国标、行业标准由信息中心进行管理和维护。

上述外生主数据的特点一方面导致了主数据管理业务支撑体系设计困难，另一方面也直接导致了数据质量问题。应对措施和办法如下。

（1）属于企业内可管理范围的应当首先明确其管理责任、流程等内容。

（2）可以借助第三方数据服务进行数据交易和验证。比如，通过第三方企业信息服务进行法人信息校验。

（3）对数据质量设定检查规则，过滤不符合业务逻辑的数据内容。

积极寻找匹配的业务策略，获取数据内容，如某些会员运营的手段等。

主数据管理技术支撑体系建设

5.1 技术支撑体系的建设目标

在主数据管理体系的运转过程中，有三个重要组成部分，它们分别是组织、规范和技术。组织与人相关，最终的落地产物是具体的组织、具体的岗位和相关的职责与工作。规范部分的内容涉及两个方面，既有对组织的规范，包括岗位职责、管理流程等，又有涉及模型和技术的规范，如主数据模型和技术相关规范等。最后是与主数据管理相关的一套产品和配套技术的方案，包括保证主数据全生命周期管理的承载的产品，以及一系列数据获取、分发和系统间的应用集成方案等内容。

主数据管理产品会在后续章节中详细阐述，本节重点阐述主数据的技术支撑方案。技术支撑方案以主数据在整个信息化系统间的数据流向图为核心，包括以下内容。

（1）数据录入与管理。

（2）数据汇聚。

（3）数据分发。

在集团型企业进行主数据管理时，更要考虑下级企业与上级企业的数据整合、管理、联动等内容。所以集团型企业的主数据技术方案我们单独用一节进行讨论，前几节默认讨论单体型企业的内容。

5.2 主数据的入口

当一条数据进入我们的信息系统时，我们将其进入的位置称为数据入口。在单体型企业中，主数据的入口分为单入口和多入口两种形式。

1. 单入口形式

此种数据形式多用于主数据管理权限相对集中于一个组织的场景，这个组织对这种主数据的管理已经非常深入和完善，并且通常会有一个完善的业务系统能够承担主数据管理的责任。在这种情况下，主数据管理系统只需要扮演数据存储和数据分发的角色即可。甚至在很多情况下数据不经过主数据管理系统，直接由该系统向其他系统提供主数共享服务。图 5-1 所示为单入口形式的集成方式。

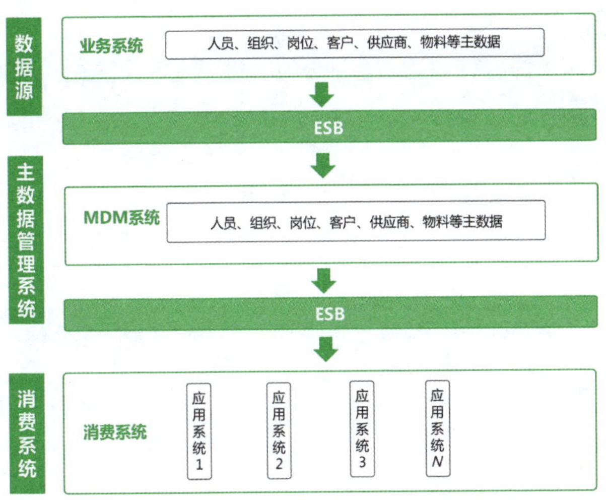

图 5-1

2. 多入口形式

在这种情况下，主数据不可避免地从多个入口进入系统，如客户数据，我们很难要求将一个系统作为主数据的唯一入口。很多电商企业使用“业务中台”来解决这种多入口问题，将多端的数据注册引导到中台关系系统，让用户自行注册，然后将数据分享到各个系统中。这也不失为一种良好的解决方案。

而主数据技术解决方案能够支持继续保留数据录入的多入口情况。由主数据管理系统作为数据判重的唯一裁判，并为各个系统中对应主数据的基础数据下发主数据编码。如果主数据编码相同，则说明是同一条数据，如果不同则说明是两条数据。图 5-2 所示为多入口形式的集成方式。

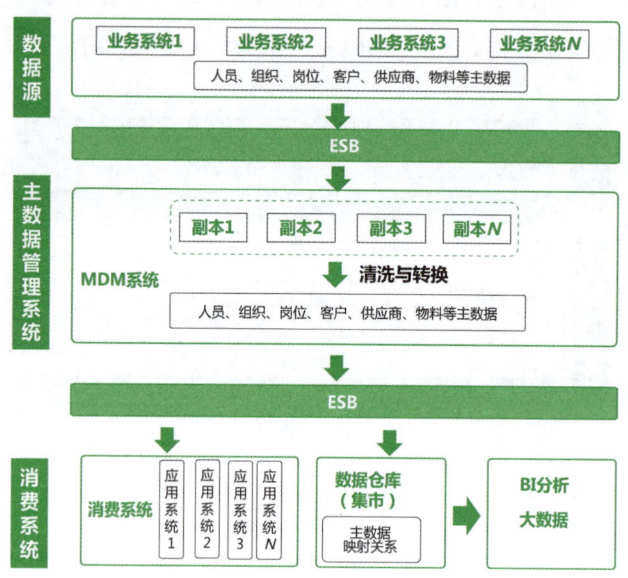

图 5-2

3. 主数据管理系统作为入口

我们希望参照数据尤其是具有国家标准的数据由主数据管理系统录入。

无论是哪种模式，我们都需要为这个主数据确定入口。入口可能在一个应用系统中，也可能在主数据管理系统中，还可能由多个系统和主数据管理体系共同承担。

随着实践的增多，在大型主数据管理项目中，我们更加推荐的是将每个主数据的管理交由其对应的专业业务系统承担。这样一来，不但可以降低主数据管理系统的复杂程度，更可以让每种业务在基础数据管理的基础上纵向成长。比如，人力资源管理系统管理人员主数据时，会在基础的人员主数据管理上延伸出更多的管理功能，如人员的 KPI 考核、人员的培训、考勤等内容。

但是对于某些没有专业系统提供管理功能的主数据，或者多个系统都在管理但是哪个也没有管理好、不符合管理期望的主数据，大家更期望在主数据管理系统中把数据全部管理清晰。如产品、物料或其他数据，大家期通过主数据管理系统承担这些数据的管理功能，尤其希望能够通过系统的配置直接实现这些功能。图 5-3 所示为主数据管理系统作为入口的集成方式。

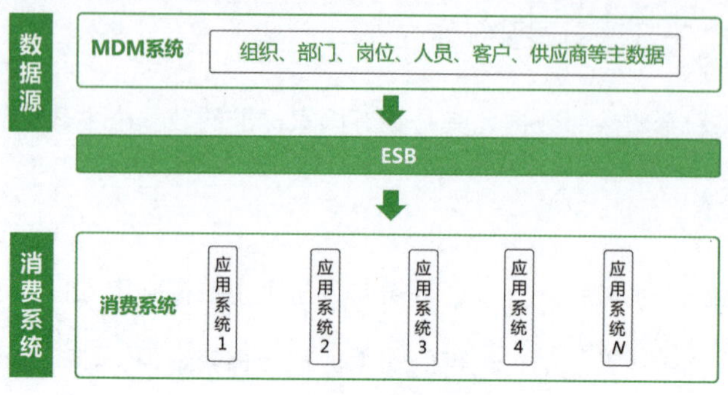

图 5-3

5.3 主数据的管理与汇聚

主数据的入口系统将会承担大部分的数据管理功能，数据入口将会承担数据管理职责，我们对各种情况汇总后归纳出以下几种情况。

（1）单入口情况。当主数据在一个专业的业务系统中录入时，由这个系统提供全部的数据管理职责。

（2）多入口情况。当主数据有多个入口时，其实是多个入口共同承担了数据管理的功能，这时我们需要把一个主数据的所有管理功能均匀地分散在各个入口上，并且尽量不要出现管理重复的情况。

（3）主数据管理系统作为入口。主数据管理系统需要有能力承担主数据的各种管理功能。

我们期望所有主数据都能在主数据管理系统中汇聚，以达到以下目的。

（1）进行数据清洗。

传统业务系统通常不具备数据清洗功能，对已有的记录很难识别出重复数据，当数据汇聚在主数据管理系统中时，可以利用主数据管理系统的清洗引擎进行数据清洗工作。

（2）进行数据管理。

主数据管理系统本身可以提供对主数据的数据管理功能。

（3）进行数据分发。

主数据管理系统需要将自身管理的主数据便捷地发布成数据函数，对外提供数据服务。

（4）进行数据统计。

主数据管理的重要目的之一就是要清楚企业视角的基础数据情况，当所有数据汇聚在主数据管理系统中时，便于对主数据的整体情况进行统计。

（5）进行质量监控。

可以设定主数据质量监控规则，然后运行这些规则对主数据的质量进行监控，并提供数据质量监控报告。

5.4 主数据分发与共享

主数据管理系统的构建，最后要让基础数据在全局得到统一。

我们之所以强调主数据管理体系，强调行政组织保障和管理规范，最终的目的就是保证各个系统中的基础数据与全局主数据保持一致。

我们需要将主数据传递到企业中每一个需要它的角落，甚至和企业外部关联业务实体进行数据交换。数据交换工作可以划分到应用集成工作的范畴。应用集成工作历来是一项麻烦的工作，涉及各个系统的改造。如果我们不对这些系统进行集成，那么就只能依靠线下的人工操作来推动数据的流转。显然这样的做法比应用集成更加麻烦且成本昂贵。

现在我们假设只有两个系统。一个是源系统，通常是主数据管理系统、专业业务系统、服务总线或数据 API（应用程序接口）；另一个是数据消费系统或称目标系统。我们先将这两个系统间进行数据传递的事情说清楚，这样的话，一个源到多个目标的路线也就清晰了。一般我们不建议采用数据层层传递和网状传递的方案。

在设计数据传递方案时，有两个关键要素决定我们方案的设计内容，如下。

（1）实时性要求：要求数据在变动时及时让消费系统获取。

（2）健壮性要求：保证数据能够传递到消费系统中，不会丢失。

常用的几种数据传递方式如表 5-1 所示。

表 5-1

方式	描述	优点	不足	场景
数据自动推送	当数据发生变化时，将数据实时推送到消费系统	实时性强	可能出现数据无法送达的情况，需要配合异常进行自动或手动处理	实时性要求高
数据自动拉取	由消费方进行数据拉取，通常每晚进行一次	传递健壮，如果拉取失败可以再次拉取或第二日拉取		对实时性要求不高
手工推送	配合异常日志或者单纯地手工激发数据推送	异常实时发现	需要手动处理	
手动拉取	由消费端发起数据拉取	手动处理，可以逐条获取或按照时间点增量获取，异常实时发现	需要手动处理	主数据管理系统改造要求低

1. 数据推送（推式）

数据推送指的是将主数据推送到应用系统中，数据所有者为主动方，数据目标系统为被动方。此种方式是由主动方主动调用接收方的数据接口，将数据推送到接收方的应用系统中的。按照面向服务的设计理念，应用系统需要开发出一个能够接收主数据的服务，这样数据推送方在进行数据推送时就能够调用这个服务将数据传递给应用系统。

数据推送方并不关心数据接收方具体的业务逻辑，它只负责把数据交给应用系统，至于应用系统如何处理都交给数据接收方。

此种方式的特点：数据实时性较强，主数据一旦发生变动就能够把变动信息传播到体系内的各个角落，而每一个对应的基础数据都能够在第一时间进行更新。

对于数据传递异常的情况，由数据推送方处理。数据如果没有推送成功，那么数据推送方将决定异常处理方式。比如，重新推送，或者过一段时间再次推送（一般会约定补充推送的时间点），或者直接改为手工处理。所以数据推送按照其具体的技术手段，又分为自动推送和手动推送两种。

2. 数据拉取（拉式）

数据拉取指的是由主数据源头发布数据获取服务，静待数据使用者调用服务将主数据调至目标系统。主数据源头没有将数据信息进行实时广播，而是等待第三方使用者来调取。主数据源头一般需要提供以下服务组合："获取全部数据""获取单条数据""获取某个时间点以后的所有最新数据"等相关服务，而数据使用者需要自己编写代码来获取数据，一般来讲需要支持定时获取和手动获取两种模式。

数据拉取方式较为稳定，并且把异常处理工作交由第三方来完成。如果第三方支持数据拉取方式，那么数据传递的准确性就得到了很大程度的保证。只是此种方式的数据实时性较差，可以与定时获取方式结合使用，通常系统会将自动获取时间设置为一天左右。

3. 在底层数据库层面进行数据拷贝

通过数据服务让数据在信息系统间进行传递是相对标准的一套做法，数据源头、数据使用者的定位和分工都相对明确，但是采用这种做法，开发工作量会比较大，运维成本也相对较高。我们还可以通过数据层面进行数据同步，即通过 ETL 工具（支持数据抽取、转换和装载的工具）在数据库之间进行数据传递。需要强调的是，这个方案中不应当操作第三方系统中的任何原有表，只是把数据存储在新建的表中。这类似于供应链的一种处理模式：供应商并不等收到甲方的采购单后再发货，而是直接在甲方的生产车间建立自己的仓库，甲方随用随取。

在很多极端的情况下，我们甚至需要这几种模式同时支持，这样才能同时满足所有要素的需求。总结下来，我们需要结合实际的业务情况来最终确定应用集成的方案（这个方案应当由主数据厂商、系统服务商和甲方共同制订），最终依据方案进行应用集成的改造和集成。

5.5 应用系统获取主数据后的处理

即使同一个数据模型，在主数据管理系统中和在一个应用系统的基础数据中也不是 100% 重合的。如图 5-4 所示，数据存在以下四种情况。

图 5-4

1. 数据字段在主数据管理系统中，但是应用系统不需要

根据主数据模型的设计方法，主数据模型会综合考虑各个业务系统中的基础数据模型，所以当业务系统获取主数据后，很可能某些获取来的字段是没有用处的。

2. 数据字段在应用系统中，但是主数据没有

同时，根据主数据模型的设计方法，并不会把所有系统中的基础数据模型中的属性全部纳入主数据模型，所以当应用系统将主数据同步之后，会存在某些自有属性内容缺失的情况。这些内容需要系统自行维护。

3. 应用系统并不完全需要所有的主数据记录

很多时候，目标系统仅仅需要主数据管理系统全部数据集合中的某部分数据，那么有可能目标系统按照某个类别，或者其他条件，甚至没有特定条件地只获取主数据系统中的一部分数据。比如，一个二级企业如果需要获取人员主数据，那么他只要获取与自己企业相关的人员主数据，而不需要获取所有的人员主数据。

4. 应用系统有私有的其他数据记录

在当前的体系下，并没有禁止应用系统获得主数据后再进行私有数据的维护，这些私有数据一般是由数据模型视角、范围等的细微偏差所导致的，而这种细微的偏差有时难以消除。比如，我们定义人员主数据时，如果定义为所有签署过劳动合同的员工，但是某个系统必须考虑临时员工或劳务合同员工，那么该系统必须自行增

补这部分数据。当然这仅仅是一个例子，在现实情况中，类似情况时常会在预期之外发生。

所以当目标系统获取主数据管理系统的数据后，还有以下几种可能需要做的工作。

（1）数据转换及存储。将主数据模型转换成本系统模型，同时进行数据的录入或更改。

（2）必要时，对敏感字段变更设置审批流程。

（3）对主数据不覆盖的属性进行维护。

（4）对主数据不覆盖的数据进行维护。

5.6 集团型企业主数据技术方案

主数据管理是集团型企业加强业务管理的一种手段。集团总部可以借助主数据管理达到以下目的。

（1）构建集团数据标准体系。

（2）了解成员企业的业务实体情况。

（3）对成员企业的重点业务进行干预和管控。

（4）为全面收集财务数据、业务数据，进行深入的业务统计和分析做准备。

在集团型企业进行主数据管理时，很多基础数据分布在下属企业系统中，但这些数据都是同一条数据。在相似的系统中，这些系统功能相同或相似，如都是下属企业的 ERP 系统，有着相同的厂商或供应商。此时主数据和下属企业应用系统中的数据就存在以下三种关系。

1. 集团管理，统一下发

由集团统一管理这些主数据，并且配有对应的系统和专门的组织。凡是下属企业需要得到这样的主数据时，都需要依照流程到总部的系统中申请，然后由总部系统统一下发，然后才能在自己的应用系统中使用。此种模式相当于总部将数据的管理权限上收，并且提供应用系统供下属企业提出申请，然后通过总部的主数据管理系统将数据下发。在此种情况下，上下级企业的数据颗粒度一致，集团管控力度较高。

图 5-5 所示为集团统管的强管控型集成方案。

2. 下属企业管理，集团收集汇总映射

当下属企业数据颗粒度比总部数据颗粒度细，并且集团管控相对不要求的那么精细时，集团主数据往往由下属企业信息系统生成。下属企业各自独立维护基础数据，然后依靠这些数据推动生成主数据，在生成的过程中保持这些数据与主数据之间的关联和联动。这样的下属企业信息系统实际上成了主数据的多个入口，而主数据管理系统中的数据是最后汇总的一份数据，同时保留数据间的对应关系。

图 5-6 所示为弱管控型集成方案。

强管控型

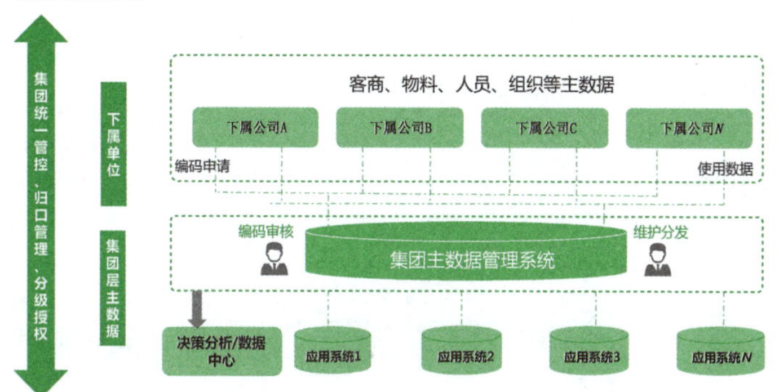

图 5-5

弱管控型

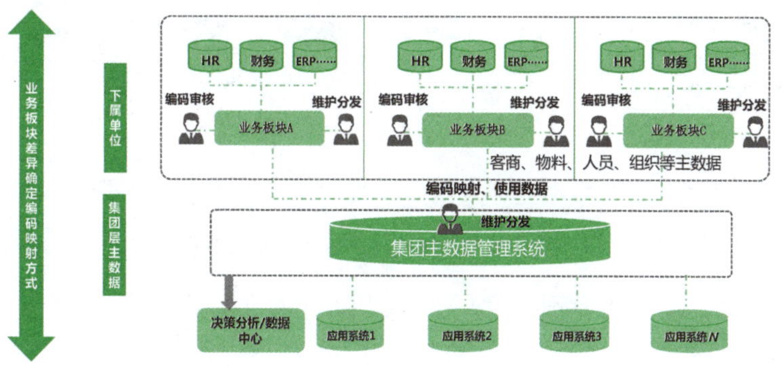

图 5-6

3. 共同管理

共同管理是上述两种模式的一种折中方案，这其中涉及了上下两级部门责权分配的问题，根据不同的分配方式决定上下两级系统承担的功能。

这个例子中的数据关系如下：下级企业在系统中进行数据录入，但是数据必须传递到上级系统中进行审批，上级组织对数据审批后，数据才能够生效，同时这些数据触发生成总部的主数据。

图 5-7 所示为共同管理型集成方案。

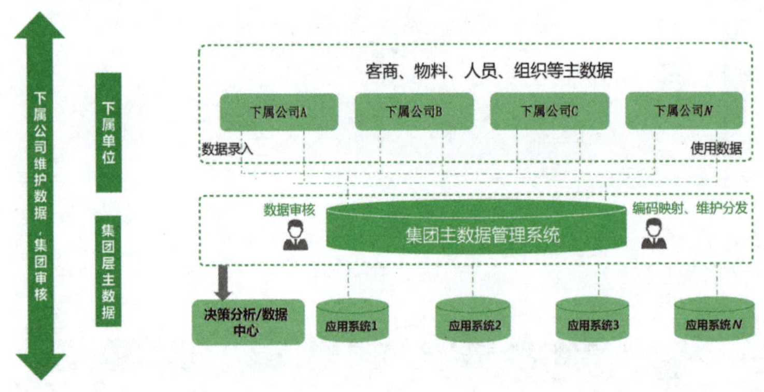

图 5-7

无论集团主数据管理采用何种技术方案，都是以其对应的管理职能使工作定位和分工相互匹配的。所以应当先厘清当前的业务关系和希望达到的管理目的再进行对应的技术方案设计，并在这个过程中进行微调。

主数据的历史数据清洗

6.1 数据清洗的目的

主数据清洗工作是主数据管理工作中一次性投入工作量最大的部分。如何制订合理的方案，既能保证数据清洗的效果，又能提升清洗效率和减少人力投入是我们重点关注的内容。尤其是在整个数据清洗工作中，需要甲方业务人员的大量参与，毕竟标准制定后，还需要执行，但外部团队很难在业务细节上和甲方的业务骨干相媲美，这其中涉及大量的细致工作和业务的细节内容，没有这些工作我们很难将信息补充完善。同时，如何组织和调用这些内容资源，并且保证过程顺利、结果理想，也是对项目组织能力的挑战。

我们在主数据清洗工作开始之初，需要先明确工作的目的。

1. 在范围内将所有数据找全

我们会梳理所有数据，包括系统中的、Excel 中的、Word 中的、业务人员手中的数据等。这个需要依赖前期的全面调研，如果企业的信息化程度较高且企业信息化体系的使用状况相对良好，那么我们从各个系统中就基本能够得到初始的完整数据。

2. 剔除重复数据

当我们找到范围内所有的数据后，就会发现其中有很多重复的数据。这些重复数据往往是由多头管理、数据模型不清晰导致的。比如，某个主数据分由几个部门共同管理，预估的数据量只有一千条左右，可是当前数据却有几千条，那么就要利用各种手段查出重复数据，最后得到一份完整且无重复的数据集合版本。

3. 修改错误属性、补充缺失属性

既然建立了数据模型，那么我们便认为这些属性在企业内都是有用的，也希望在数据清洗的过程中把数据填补完整。这些属性的责任部门和人员按照数据填报规范进行数据内容校对和缺失数据的补录工作，而录入的内容则依据定义和填报规范来确定。在这个过程中可能还要查阅大量的原始凭据和各种证书，当然，这要依据企业对数据质量的容忍程度和数据的重要程度。

比如，如果涉及人员身份证信息的补录，则完全可以发动员工通过自助方式来完成。而对于医药企业的生产许可证书，如果怀疑原始数据的准确性，则只能到其对应的档案部门查证书进行核对。

企业还有很多外部主数据，如消费者数据，对于这样的数据和它们的属性，企业的态度往往是，只要不违法，能拿到多少就拿到多少，而消费者却是能保护多少就保护多少。所以，对于这些数据的属性，只能通过各种业务策略去获取，并且最终达到平衡点，因为这些数据和数据项的获取成本都是高昂的。比如，通过建设会员体系、促销、奖品兑换等才能够要求用户填写更详细的信息。所以在这个步骤中，最为有效的成果还是体现在内生主数据上面的。

4. 将当前数据及企业中的其他数据关联和对应起来

简单、纯存在的主数据本身的业务价值并不高，必须将当前梳理出来的主数据与企业中存在的其他业务系统中的基础数据对应起来，这样才能获得更大的价值。当我们得到一份标准数据后，应当

对其进行主数据编码，然后将这个编码和每个系统中基础数据的编码对应起来。我们可以将这个对应关系存储在主数据管理系统中，也可以将这个对应关系分散在每个应用系统中。

总结下来主数据清洗的目的便是以上几点，而由于此过程中的工作量相对较大、涉及部门较多，且数据填报又有一定的专业性，所以需要提前制订数据清洗方案，在方案中说明具体的工作内容、步骤。具体的清洗方案、参与人员的确定和具体的操作过程将在后续内容中详细说明。同时，我们也可以大量借助清洗工具辅助清洗，这在后续章节中也会详细介绍。

6.2 数据清洗的组织与范围

我们先看看整体的工作内容：数据排重可以依靠技术手段进行，但是最终需要业务部门来完成确认工作；数据缺失属性的补录需要依靠业务部门来完成；错误数据的调整，甚至涉及业务数据的调整需要制订具体的方案进行整体评估，并由业务部门执行完成。由此看来，业务部门的工作量非常大。

1. 主数据清洗责任部门的指定

在清洗任务开始之前，需要为每种需要清洗的主数据找到指定的业务部门，通常我们建议将主数据的管理部门作为主数据清洗的责任部门。比如，人员主数据的责任部门是人力部门，账户主数据的责任部门是信息中心等。

2. 主数据清洗范围的约定

在主数据清洗工作开始前，如何确定哪些主数据可以进入清洗范畴：是清洗全部历史数据还是只清洗当前生命周期内的数据？或者不进行数据清洗，只是从当前开始执行主数据管理体系，保证未来的数据质量？数据清洗策略要根据具体的主数据类型和数据量来进行判断。比如，对于某些主数据而言，是可以不进行历史数据清洗的，或者只针对部分数据进行清洗即可，如已经完结很久的项目主数据和已经结束生命周期的产品主数据等。这些主数据的历史数据，由于种种原因，数据质量相对较差，很多参与主数据项目清洗工作需要的数据录入依据已经缺失。在这种情况下，可以不对该部分数据进行清洗，因为如果针对这部分主数据进行清洗，那么不仅耗时长、成本高而且效果不显著。但是对于时间较近，有分析价值或在生命周期内的数据还是需要进行清洗的。

三种清理范围代表了不同的工作量和工作难度，如表 6-1 所示。

表 6-1

清洗范围	工作量	效果
清洗所有数据	大	最好
清洗在建数据	中	可以接受
不清洗历史数据	很小	需要较长时间才能见效

然而，对于很多主数据而言不存在是否可以部分清洗的问题，如物料主数据、客商主数据。这些数据始终存在于企业中，并且没

有明显的生命周期规律，必须全部清洗。

3. 数据清洗子项目的组织

我们可以抽调业务骨干进行集中办公，进行完整的数据清洗工作，这样可以使数据清洗时间尽量缩短。因为在数据清洗过程中，企业的业务还是在运转的，我们所清洗的数据还是在变化的，所以我们只有用尽量短的时间完成清洗并结合后续一到两次的短期迭代，才能保证数据清洗工作的顺利完成，并且保证数据同当前业务情况的一致性。最后，在一个合理的时间点上进行数据清洗成果的完整上线。

6.3 数据清洗工具

在历史数据清洗的过程中，我们会对所有的关键动作和耗费的时间进行定性分析。其中占比较高的有以下几项动作。

1. 数据排重

对比当前数据，将数据重复项找到，并对数据进行合并。

2. 数据格式转换

将当前的数据格式转换为主数据标准格式。

3. 数据内容核对和校验

对比当前的主数据规范，对已有的关键内容进行核对和校验。

4. 对缺失数据进行补录

保证数据完整性。对清洗过程中产生的数据进行二次清洗或迭代清洗。

在以上操作内容中，某些步骤可以通过技术手段将工作时间大幅缩短，如通过程序来辅助人工开展数据清洗工作。比如，进行数据排重工作时，可以先由计算机按照设定的规则对数据进行一次计算排重，然后由人工对最终结果进行确认或判断。

数据的格式转换也可以由计算机辅助完成，如一个属性的拆分或合并、某种格式的转换，或者对于字段名称不同而实际内容相同的数据的转换，这些都是计算机擅长处理的内容。

计算机也可以按照设定的逻辑规则对现有的属性项进行初级校验，如数值型、字符型或值域的范围等内容。这些校验内容对内容校验有一定的帮助，但主要的工作量还是来自人工核对。至于缺失内容的增补，计算机可以做的工作就更加少了，只能依靠人工来完成。

最后是数据完整性问题。由于数据清洗工作用时长、工作内容多，在数据清洗过程中难免会产生新的数据，而此时主数据管理体系还没有运转起来，数据依然保持多头录入的状态，因此需要依靠二次或三次的迭代工作来保证数据和业务的最终一致。

主数据管理项目实施及体系运营

7.1 主数据管理项目概述

7.1.1 主数据管理项目的特点

主数据管理从项目开始，但并不终止于项目。主数据管理依赖的是一套完整的主数据管理体系，实施主数据管理项目的目的就是将这套体系构建起来，并保证体系良好运转。同时，主数据管理项目相对于传统的 IT 项目还具有以下特点。

1. 项目综合性强

主数据管理项目不仅包括产品的部署、配置和运行，还涉及模型的定义、组织流程的梳理、应用集成、数据清洗等众多内容。这其中的每个阶段都需要有专业的顾问介入，而且这些顾问大多拥有不同的业务背景和专长。这导致主数据管理项目的综合性和复杂性强。

2. 项目涉及业务部门多

主数据管理项目的范围非常广泛，既可以是通用的主数据管理（如人员主数据、组织主数据），也可以是含有较强业务特性的主数据管理（如产品主数据、物料主数据）。这其中会涉及企业内部的众多管理部门和业务部门，需要和各个部门的管理者进行沟通，同时需要得到业务部门的深度支持。

3. 项目涉及信息系统多

主数据管理的最终成效，一定要和各个系统联动起来，保证最终得到的是一份统一的数据，保证主数据与多个应用系统中的基础数据能够正确关联和对应起来。这样就必将涉及各个系统间的集成工作。

如果每个系统都足够开放，我们就可以通过集成工具把数据流通设计方案真正贯通起来；如果系统没有相应的接口和集成方案，或者企业主数据管理设计的场景相对特殊，那么就需要对对应的业务系统进行一定的开发。

4. 主数据管理系统需要持续健康运转

同时，我们还要关注数据质量和整体标准、已经能够保证主数据管理系统长期运转的规章和制度，以及必要的稽核手段。

综上所述，主数据项目与传统的 IT 项目相比有它自己的特点，同时对项目管理者提出了较高的要求和挑战。

7.1.2 主数据管理项目实施流程

方法篇介绍了一个企业进行主数据管理所应当做的大致工作，并详细解释了每部分工作的目的和内容，其中除了主数据管理系统的运营，其他几部分的内容都将以主数据管理项目介绍的形式完成。表 7-1 罗列了一个完整的主数据管理项目的主要工作节点，以及每个节点的产出物、参与角色等内容，可以作为项目实施的参照。但我们在实践过程中需要针对每个项目的不同情况进行相应调整甚至取舍。

表 7-1

<table>
<tr><th colspan="3">主数据管理项目</th><th rowspan="2">交付物</th><th rowspan="2">参与角色</th></tr>
<tr><th>一级</th><th>二级</th><th>三级</th></tr>
<tr><td rowspan="4">前期调研（项目开始前完成）</td><td>企业、行业了解</td><td></td><td rowspan="4">企业主数据管理成熟度评估报告</td><td rowspan="4">主数据管理顾问</td></tr>
<tr><td>业务情况了解</td><td></td></tr>
<tr><td>信息化情况了解</td><td></td></tr>
<tr><td>基础数据情况了解</td><td></td></tr>
<tr><td rowspan="2">主数据标准管理体系</td><td>标准内容</td><td></td><td>《某主数据模型标准》
《某主数据管理标准》
《某主数据技术标准》
《主数据管理系统运营流程与规》</td><td>企业数据标准顾问</td></tr>
<tr><td>标准管理体系建设（组织、流程）</td><td></td><td></td><td></td></tr>
<tr><td rowspan="9">某某主数据管理子项目</td><td rowspan="3">主数据情况调研</td><td>数据情况</td><td rowspan="3">《某主数据管理情况调研报告》</td><td rowspan="3">主数据管理顾问</td></tr>
<tr><td>管理情况</td></tr>
<tr><td>相关信息化系统</td></tr>
<tr><td rowspan="3">主数据管理方案制订</td><td>数据模型设计</td><td>《某主数据模型设计》</td><td>主数据顾问</td></tr>
<tr><td>数据管理体系</td><td>《某主数据管理体系设计》</td><td>主数据顾问</td></tr>
<tr><td>数据技术体系</td><td>《某主数据管理技术支撑体系设计》</td><td>主数据顾问、技术架构师</td></tr>
<tr><td>数据清洗</td><td></td><td>准确、权威、完整的一份主数据</td><td>业务人员、数据标准顾问</td></tr>
<tr><td>系统部署、产品实施</td><td></td><td>可运行的软件系统</td><td>产品实施顾问</td></tr>
<tr><td>应用集成</td><td></td><td>代码及可运行的数据集成体系</td><td>技术架构师、研发顾问</td></tr>
</table>

续表

主数据管理项目			交付物	参与角色
一级	二级	三级		
主数据管理系统运营	日常管理		《日常工作报告》	企业数据管理组织
	异常监控		《数据质量报告》	企业数据管理组织

7.2 主数据管理体系的运营

7.2.1 日常管理及运营

主数据管理项目的核心成果应当是一个可以顺畅运转的主数据管理体系。在这套运转的体系下，我们可以到一份准确、完整、权威的主数据，并且企业中每个需要使用这份数据的地方都能方便、快捷地使用这份数据。同时，在这份质量良好的数据基础上，更多的信息化应用内容和数据化应用内容得以良好展开。

这套体系包括必要的组织、标准、流程、主数据管理系统、应用集成技术解决方案等，以及最重要的数据。

主数据管理体系的运营就是要保证这个体系运转顺畅和健康，不出现意外和差错，同时在外部场景发生变化时，主数据管理体系能够做出相应的调整，让最终的结果依然保持高质量。我们在保持主数据管理体系运转和对主数据管理体系进行运营时，应当从以下几个视角判断主数据管理体系是否健康。

（1）数据标准是否满足企业各方面的应用需求，是否得到了执行。

（2）主数据管理体系是否运转正常，岗位责任是否落实，执行是否到位，奖惩机制是否生效。

（3）主数据产品平台是否承担了对应的功能，数据是否在各个体系间顺畅地流转。

（4）主数据及基础数据质量是否符合预期。

如果能够达到以上要求，那么证明主数据管理体系是运转正常的；如果出现了问题，则需要进行适当调整。

7.2.2 数据质量监控体系

主数据管理体系是一套正向的体系，用以保证最终的目的得以达成。我们还可以构建一套数据质量监控体系，对数据质量进行监控，从而反向找到数据质量问题。然后基于找到的问题，寻找数据管理系统中的问题。关于如何构建这套数据质量监控体系，我们会在后续章节中进行详细介绍，这里仅对建立数据质量监控体系的必要性进行论证。

（1）传统的监控体系成本高、效率低，在运转过程中容易被忽略和失灵。

（2）数据质量问题相对隐蔽，发现难度高，尤其是单条数据。

（3）数据质量问题是能最直接反映体系是否存在问题的监控点，也更便于技术手段的应用。

所以我们需要对可能发现的数据质量问题设定处理流程和体系，对发现的数据质量问题进行及时排查和追究责任。如果是体系漏洞，则应该找到解决方案进行系统性修补。

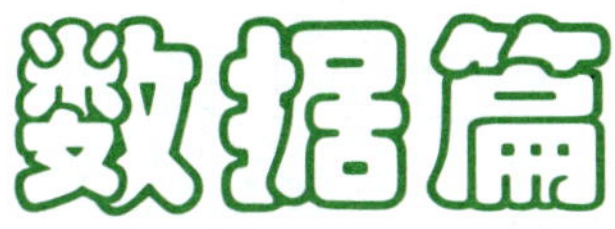
数据篇

参照数据和枚举数据

8.1 认识参照数据和枚举数据

8.1.1 参照数据和枚举数据的定义

参照数据，如民族、区域、职级、岗位、行业、经营区域等通常具有以下特点。

（1）基本不会引用别的数据表格。

（2）被主数据或业务数据引用。

（3）属性较少，通常只有编码、名称、备注这三个核心字段。

（4）内容较少且变动不频繁。

枚举数据通常在一个属性中存在，这个属性中只有固定的几个选项，且数据基本不变。如果系统架构师不愿意将这个数值作为参照主数据进行单独的表格构建，那么就在属性中做一个简单的约定。比如，人员主数据中的性别字段，约定为“0”代表男性、“1”代表女性、“2”代表其他。

当同一个参照数据和枚举数据在不同的系统（数据模型）中出现时，如果定义不同，那么造成的业务问题同样是严重的。比如，民族、国家（地区）等参照数据被各类管理软件广泛引用，那么其内容、范围也应参照国家的标准以保持一致，这样会大大降低企业的管理难度和成本。又如，某软件公司，按照其用户所属“行业”统计业务绩效，但这个“行业”的类型并不是按照国家的标准来划分的，而是根据该公司的业务涉及领域来进行划分的，所以这个“行业”的参照数据就有必要在全局统一。否则，在年底的业务统计中，如果各方选取的划分标准不统一，那么公司得到的业务数值也不同。

8.1.2 参照数据和枚举数据的分类

我们对参照数据和枚举数据做以下分类，以便对后续管理方法进行区分。

1. 属于国家、行业基础编码规范的数据

这类数据在国家及行业层面有统一的规范和规定，企业内部可以直接参照执行。

2. 属于企业基础编码规范的数据

这类数据涉及企业内部经营，涉及多个业务板块的公共参照数据。

3. 属于主数据业务领域的数据

这类数据是从属于某个主数据或某个特定业务领域的参照数据。

以上不同类型的参照数据和枚举数据，在主数据管理体系中的管理方法也有所不同。

8.1.3 参照数据和枚举数据的管理

每个参照数据和枚举数据都应纳入统一的主数据管理范畴。每种类型的参照数据都有其管理特点，但是参照数据和枚举数据的整体管理原则相同，如下。

1. 构建全局数据标准

制定标准，在企业全局进行推进。梳理企业当前的数据情况，对不符合标准的数据进行统计，对局部可以更改的标准进行修订。

2. 进行数据获取或数据维护

获取数据或请指定管理部门进行数据维护。

3. 进行全局数据清洗或映射

对所有已经纳入主数据管理范畴的参照数据和枚举数据在全局进行查找，调整数据内容，使其与标准一致。如果数据缺失且存在变动成本高昂的情况（比如，所有业务数据已经大范围引用或者需要进行拆分），则需要做好映射工作。

注意，数据分类可以在某个时间点后进行一致性调整，尤其在以年度为考核的业务统计中可以在年初统一调整，如果涉及存量数据，则需要设定过渡期。

4. 进行数据质量监督

利用管理和技术手段监控没有遵守统一约定的情况，同时制定考核流程，对异常情况进行处理。

8.2 参照主数据的管理方法

8.2.1 属于国家、行业标准的数据

此类数据有很多，如地理信息、企业信息、药品生产批准文号等。此类信息的管理和维护对于提升企业内部数据质量，进行错误信息筛查，提升信息录入的准确度和录入效率都非常有帮助。我们可以通过对口的政府网站获取此类数据，然后将数据导入系统，并发布为数据服务，对企业内提供数据支撑。

此类数据的获取途径如下。

1. 政府网站、公共权威网站

当前政务公开、信息透明，我们需要的很多数据都能从政府网站、公共权威网站获取，虽然大多数网站不提供数据获取接口，但是可以以文件形式导出。我们可以充分利用这些数据，对企业内部提供数据服务。

2. 第三方、数据服务公司

很多企业信息服务公司将政府等提供的各类企业信息进行汇总和整合，方便企业使用，同时提供丰富的 API 供企业调用，只是存在付费问题。

3. 爬虫获取

企业构建爬虫引擎进行数据爬取。此种方法不做重点推荐，原因

是技术难度与运维成本高，并且操作不当的话可能存在法律风险。

此类数据的管理方式相对简单，只要能够定期获取数据，然后将最新的数据更新到主数据管理系统中即可。主数据管理系统可以对此类数据提供完整的数据支撑方案。

8.2.2 属于企业内部的公共数据

由于各种原因，企业会设计内部的公共参照数据。比如，对经营区域的划分，对经营行业的划分。笔者曾经在一家大型地产企业看到其业务经营区域是按照管理者的名字定义并划分的，也曾看到某个企业对行业的定义并没有使用国家标准，而是根据企业当前经营部门进行行业划分的，甚至可以划分为上百个行业。这些数据显然都属于企业内部的规范，这类参照数据应当纳入统一的参照数据管理规范。

（1）确定数据管理的责任部门和责任岗位，如果涉及面比较广，则交由数据管理委员会及相关部门共同管理。

（2）建议在主数据管理系统中进行此类参照数据的管理，同时通过主数据管理系统发布数据服务。

（3）主数据管理系统可以提供数据变化的版本服务。由于此类数据大多与经营紧密相关，所以数据的变动也与统计数据紧密相关，对此类数据应当提供完善的历史数据版本管理功能，否则后期易出现统计问题。

8.2.3 属于主数据业务领域的数据

当参照数据从属于某个主数据时，如人员主数据的“岗位”“职级”、客户主数据的“客户等级”、项目主数据的“项目分类”、产品主数据的“产品材质”等，这些参照数据都从属于某个特定的主数据，在进行主数据管理方案设计时，应当进行统一考虑，纳入该主数据的管理体系和范畴，所以在此不再详述。

8.3 参照数据管理的技术支撑

每个主数据模型中都会涉及参照数据或枚举数据，企业制定好参照数据的标准规范后，需要在主数据管理平台落实规范，如参照数据的新增、变更、封存等流程，后续企业主数据管理组织要监督并落实参照数据的规范执行。另外，系统还要能够支撑参照数据的友好展示，方便主数据管理人员进行维护和操作。

9

人员主数据

9.1 人员主数据的定义及模型

9.1.1 人员主数据的定义

人员的定义在各个企业中大致相同。只是有几个要点需要关注，如我们对人员的定义为“所有企业内部的人员”，这只是一个泛泛的定义，我们应当对其进行拆分和说明。假设世界上的人是一个全集，那么应当一分为二，一个集合是企业内部的人，另一个集合是企业外部的人。对于第二个集合，我们还可以将其分为和企业相关的人，以及和企业不相关的人。这暂且不论。我们首先讨论如何理解企业内部的人。

（1）企业的所有者、股东、董事会成员。

（2）企业员工、拥有劳动合同的人。

（3）企业的临时员工或者外部专家等有劳务合同的人。

（4）企业的实习生、离退休人员。

（5）为企业提供服务的人员。

这些理解都没有严格的对错之分，但是我们在进行定义时，应当清晰说明。这些说明明确了数据的范围，反向也是对数据定义的阐释。通常我们所定义的企业人员包括前三种类别，可以再根据具体的情况进行适当调整。

9.1.2 人员主数据模型

人员主数据是企业基础和核心的主数据之一，我们在人力资源管理系统及相关的模块中都要使用，如招聘、培训、考核、薪资等模块。另外，OA 系统、业务系统也会使用人员主数据，或者人员主数据和账户主数据的混合体，这些将在后续的账户主数据管理模块详细阐述。表 9-1 所示为人员主数据模型的一个示例。

表 9-1

序号	属性名称	数据类型	维护方式	属性类型	填写说明
1	人员编码（工号）	字符型	填写	基础属性	编码方案参照人力资源管理部门相关规定
2	姓名	字符型	填写	基础属性	
3	性别	参照型	下拉选项	基础属性	参照选项为男、女、其他
4	出生日期	字符型	填写	基础属性	
5	证件类型	参照型	下拉选项	基础属性	参照选项为身份证、军官证、护照
6	证件号码	字符型	填写	基础属性	按照证件上的号码进行填写
7	手机号码	字符型	填写	基础属性	
8	办公电话	字符型	填写	基础属性	
9	电子邮件	字符型	填写	基础属性	
10	人员状态	参照型	下拉选项	业务属性	参照选项为在职、离职、退休、实习生、临时工

续表

序号	属性名称	数据类型	维护方式	属性类型	填写说明
11	岗位信息	字符型	填写	业务属性	对照岗位档案
12	职级	参照型	下拉选项	业务属性	对照职级档案
13	人员类别	参照型	下拉选项	业务属性	对照企业人员类别档案（如管理类、技术类等）
14	所属管理组织	参照型	下拉选项	业务属性	对应管理组织主数据
15	所属管理部门	参照型	下拉选项	业务属性	对应管理部门主数据
16	—				

表 9-1 是我们提供的人员主数据的常规模型，基本上包含了人员档案的相关信息。这个人员主数据模型包含了人员档案的基本属性信息（第一项至第九项）、业务属性信息（第十项至第十五项），对应着参照数据、枚举数据，以及引用的其他主数据。

其中，参照数据内容应在人员主数据的元数据描述中予以说明。参照数据由于篇幅限制不做单独说明，通常参照数据包含编码和名称两项内容。而引用的组织主数据的模型应在组织主数据规范中单独说明。

在有些项目中，人员主数据只包含了几个基本属性项，而有的项目中人员主数据模型包含了 30 甚至 50 个属性项。这些设计没有严格的对错之分，只需要按照设计原则满足各个视角的需求即可。但是我们更倾向于选择只包含基础属性和必要业务属性的设计。

9.2 人员主数据管理的要点

进行人员主数据管理需要关注以下要点，抓住这些要点就不难做好人员主数据管理工作。

1. 人员主数据的数据质量相对较高，管理流程较为严谨

通过一定的数据清洗工作，就能够得到数据质量较好的人员主数据。

2. 人员主数据管理的主要工作是做好数据共享

比如，有的企业规模大，管理系统也比较多，这样各个系统中的人员主数据模型就会比较多，应当进行全面梳理，保证数据的同步。

3. 模型匹配问题

很多系统中的人员主数据和账户主数据构建在同一个模型中，没有进行严格区分，那么在这种情况下就需要通过账户主数据进行驱动，而不仅是同步人员主数据。

4. 集团型企业的人员信息重复需要重点关注

在有些大型集团型企业中，可能存在内部人员的调动、借调等情况，这样有可能会造成数据的重复。我们应当认可这种业务情况，同时在主数据管理系统中能够识别出唯一自然人，然后予以合并，

并同各个系统中的人员主数据进行对照。

5. 人员兼职、多岗位的问题

人员组织调动、人员兼职、企业矩阵化管理都会造成人员主数据的重复录入问题，并且造成人员岗位或所属部门的多值问题。也就是说，在某一个时间点，同一个人可能存在多岗位或从属于不同的组织。这个问题的解决办法就是在人员岗位和所属部门的属性上支持多值域，也就是一个人员可能只有一个正式岗位，却同时兼职多个其他岗位。这样就能很好地解决上述问题。

以上问题都是我们在实际项目中可能遇到的一些问题点，可供大家参考使用。

9.3 人员主数据管理的组织及流程

大多数企业对于人员的管理都有着严格、规范和清晰的流程，毕竟人是企业之本，所以对人员主数据的管理更多遵照已有流程和规范，同时在此基础上进行主数据管理需求审核，如果在录入的及时性、完整性、准确性上有进一步的要求，则进行相应调整。人员主数据新增流程示例如图 9-1 所示。

以上只是列举人员主数据的新增流程，其他管理场景的流程同理，也需要形成规范并要求相关责任部门和管理人员进行执行。

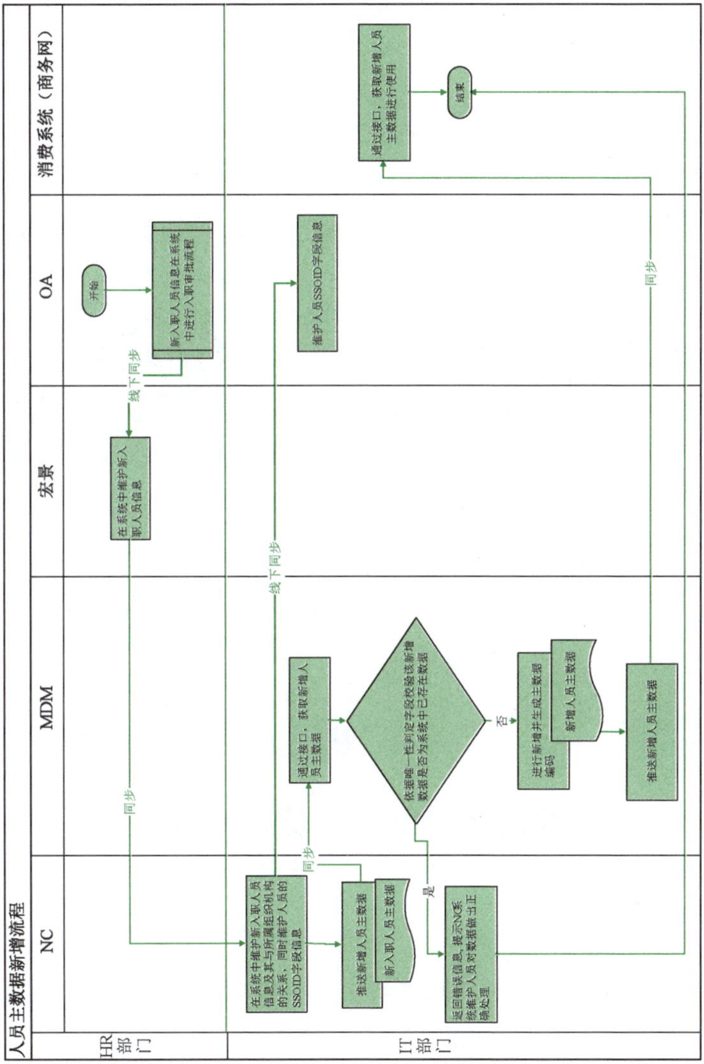

人员主数据新增流程

NC
MDM
宏景
OA
消费系统（商务网）

HR部门

IT部门

开始
新入职人员信息在系统中进行入职审批流程
线下同步
在系统中维护新入职人员信息
同步
在系统中维护新入职人员信息及其与所属组织机构的关系，同时维护人员的SSOID字段信息
线下同步
维护人员SSOID字段信息
推送新增人员主数据
新入职人员主数据
同步
通过接口，获取新增人员主数据
依据唯一性判定字段校验该新增数据是否为系统中已存在数据
是
返回错误信息，提示NC系统维护人员对数据做出正确处理
否
进行新增并生成主数据编码
新增人员主数据
推送新增人员主数据
同步
通过接口，获取新增人员主数据进行使用
结束

图 9-1

我们还可以依照人员主数据模型，反推与人员主数据管理相关的业务场景，通常涉及人员主数据管理的场景包括以下几种。

（1）人员入职：人员入职时会填报基础信息。

（2）人员转正：对人员状态进行调整。

（3）人员部门调动、岗位调动、职级晋升：对人员相关属性进行调整。

（4）人员离职：调整人员状态。

（5）人员信息自助：对人员的基础信息进行维护。

（6）其他相关场景。

在这些场景中，如果我们以主数据的视角进行审查，则可以从数据的及时性、完备性、准确性等方面提出要求，如果数据现状与预期不符，则可以在管理流程和制度上进行更改和调整。

9.4 人员主数据管理技术解决方案

一般情况下，大多数企业都会建立人力资源管理系统进行人员主数据的管理与维护。人员主数据管理相对成熟的企业，基本都会将人力资源管理系统作为人员主数据源头，进行数据的清洗、集成与分发，实现人员主数据的全局共享。人员主数据管理技术解决方案如图 9-2 所示。

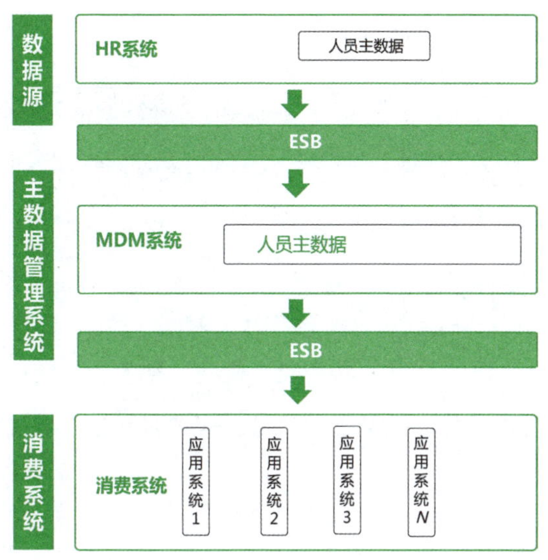

图 9-2

9.5 人员主数据清洗

与其他主数据相比，人员主数据由于管理制度规范，有对口的业务部门，数据质量相对较高。但是在项目实践过程中，依然存在很多问题。

1. 数据重复

如果存在多个人力资源管理系统，则可能由于内部人员调动等原因，致使数据重复。尤其是在集团型企业中，即使建立了大型、集中的人力资源管理系统也可能出现类似问题。

2. 数据基础属性缺失或错误

在某些项目中，某些人员主数据的基础数据缺失状况很严重，如手机号码、家庭住址、紧急联系人等信息，同时存在很多信息老旧、更新不及时的状况。

3. 数据同步及时性差

如果没有建立有效的数据同步机制，则各个系统中的人员主数据与标准数据会存在很大的差异。这大多数是由数据更新不及时造成的。

人员主数据的清洗可以采用以下手段。

（1）进行数据质量情况检查，找到数据当前的主要问题。比如，通过数据质量稽核规则的配置，找到可能存在问题的数据和数据项，如身份证号校验、身份证号与出生年月一致性校验等；还可以对数据缺失项进行整体统计和初步分析。

（2）发挥人员信息自助平台的功能，动员全体人员完善个人信息，并给予一定的宣传和奖励，对信息不完整的人员进行邮件通知等。

（3）人力资源部门对个人无法或不可以填写的信息进行集中填写与核对。

（4）进行数据查重。我们从企业内所有的人力资源管理系统中获取一份人员主数据大集合以后，根据人员姓名、性别、年龄及身份证号等信息进行数据查重，从而得到一份标准主数据集合，再将其他系统中的人员主数据和这份标准数据进行匹配，修改错误数据项，并进行数据关联。

9.6 人员主数据管理FAQ

我们的团队在众多的主数据管理项目中，总会遇到各种各样的问题，而有些问题的重复率又相对较高。所以我们设置了人员主数据管理 FAQ（常见问题解答），对常遇到的问题进行罗列和解答。

（1）一个自然人客户、一个在企业做主数据咨询的顾问、一个保洁阿姨，他们属于人员主数据的范畴吗？

回答：这个问题就是前面讲到的人员主数据的范围划分问题。我们现在通常所说的人员主数据，就是企业内部的人员主数据，这里的人员包括员工、管理者、股东等，这是我们定义的范围，如果边界稍微外延一点，则已经与企业签订劳务合同的实习生也可以划入企业员工范围内。所以，自然人客户应当属于顾客；主数据咨询顾问属于合作厂商人员；保洁阿姨如果签订了劳务合同，就属于“人员”，如果没有签订劳动合同就不属于。

（2）账户信息为什么不能作为人员信息的一个属性呢？必须分开管理吗？项目中具体又是怎样的情况呢？

回答：首先，人员的定义是一个自然人，而账户的定义是信息系统的使用者。两者的定义是分开的。举一个具体的客户案例，这个企业中有 80 000 人，按照应用系统管理的要求，只有 40 000 人是需要有系统账户的，而有一些岗位是不需要账户的。这样就会有 80 000 条人员信息和 40 000 条账户信息（假设一个人一个账户）。这时候，我们发现有很多外来人员要使用系统，所以就会有一些临时账户或外来人员账户，以及一些角色账户，即多个人使用一个账户，它是以角色为载体创建的公共账户。最后，人员主数据包括 80 000 条人员主数据、43 000 条账户主数据，其中外来人员的账户数据是 2000 条，角色账户数据是 1000 条。所以明显可以看出，人员主数据和账户主数据在定义和使用上各自为政，各不相同。

（3）人员偏好、人员离职概率、人员能力评价等级、个人营业额等属性是否可以作为人员主数据的属性?

回答：我们从应用的视角来看，最底层的是主数据，再往上是交易数据和行为数据。在交易数据和行为数据的基础上，我们可以构建围绕主数据的统计指标和实体标签。所以，人员偏好、人员离职概率、人员能力评价等级、个人营业额等属性不应纳入人员主数据的范畴，而应纳入数据应用的范畴。

（4）我们的企业由于害怕手机信息泄露，而不让手机号码成为主数据，因为主数据是公开的信息，是要大家都能够知道的信息，应如何解决这个问题?

回答：主数据是公共信息，但是所面对的对象是各个应用系统，同时各个应用系统是否可以获取这些信息也是受权限控制的。但是，即使对于主数据的管理员，主数据管理系统也应当提供数据加密或脱敏处理的技术能力。所以我们在设计主数据模型时，完全可以把“手机号码”“家庭住址”等属性设计在人员主数据模型中，让数据安全问题由安全体系去解决。

（5）既然人力资源管理系统已经把数据管理得很好了，尤其是在单体型企业中，那么是否有必要先把数据传递到主数据管理系统中，再从主数据管理系统分发出去?

回答：这个问题没有标准答案，如果项目经费有限，我们可以直接把人力资源管理系统中的人员主数据通过数据服务的方式发布出去，甚至很多企业会直接做数据库级别的导入导出操作，这样的操作虽然很不规范且有各种隐患，但无疑是快捷、高效的。我们还是建议将数据传递到主数据管理系统中，再由主数据管理系统进行分发。主数据管理系统可以提供更多的附加管理功能，如数据查重或数据版本管理。但是，如果数据的及时性要求较高，可能因为中间多了一个主数据管理系统而影响及时性，则需要有对应的解决方案。

10 账户主数据管理

10.1 账户主数据的定义及模型

我们对账户的定义是“企业信息系统的使用者”，同时我们希望能够从企业视角进行统一的账户主数据管理。

账户主数据模型示例如表 10-1 所示。

表 10-1

序号	属性名称	数据类型	维护方式	填写说明
1	用户名	字符型	填写	用户身份认证时所需要输入的名称
2	密码	字符型	填写	
3	密级			
4	密码策略			
5	用户所属管理组织	参照型	下拉选项	对应管理组织主数据
6	用户所属管理部门	参照型	下拉选项	对应管理部门主数据
7	用户类别	参照型	下拉选项	参照选项为 1. 本企业人员账户；2. 本企业角色账户；3. 非本企业人员账户
8	对应人员编码	参照型	下拉选项	当用户类型为“1”时，字段信息与人员主数据的信息保持一致
9	对应人员姓名	字符型	填写	
10	证件类型	参照型	下拉选项	
11	证件号码	字符型	填写	
12	手机号码	字符型	填写	
13	办公电话	字符型	填写	
14	电子邮件	字符型	填写	
15	岗位信息	字符型	填写	

续表

序号	属性名称	数据类型	维护方式	填写说明
16	自定义项 1	字符型	填写	
17	—			

我们提供的账户主数据的常规模型，基本上包含了系统中“账户”档案的主要属性字段。企业在构建账户主数据模型时可以以此为参考。

在账户主数据模型中，我们可以看到“对应人员编码”“对应人员姓名”，以及一些对应人员的其他相关字段，这些字段的内容来源于对应的人员主数据。此种设计没有完全遵循数据库设计的三范式，因为在数据模型中冗余了部分人员主数据的属性。而在很多应用系统中，账户模型和人员模型被构建在同一个表中，这是为了让各个系统能够很好地使用账户主数据模型才采用的折中设计方法，当然也可以根据企业实际情况进行针对性设计。

10.2 账户主数据管理的要点

我们在进行账户主数据管理时，针对账户主数据管理的要点总结如下。

1. 账户和人员的定义需要进行区分，同时二者需要紧密联动

账户主数据和人员主数据既有明显的区别，又有紧密的联系。我们对账户的定义是“企业信息系统的使用者”，那么账户既有可

能描述的是一个自然人，也有可能是一个角色或组织，还有可能是另一个系统。但是，不论这个使用者是谁，从系统的角度来看，其仅仅是一个使用者。而人员主数据描述的是企业内的一个自然人，这些人中很多人都会拥有一个甚至多个账户。

2. 账户主数据管理希望做到全局账户的唯一和统一，不再以信息系统为视角各自为政

当前企业中很多系统还在自行管理账户，从而导致了一个人拥有多个账户、多个秘密的情况，造成了很大的使用不便，同时也为账户管理造成了安全的隐患。

3. 账户主数据清洗的主要目的是让各个系统账户统一

我们要将一个人的多个账户合并为一个账户，并让这个账户在所有系统中能够通用。

4. 账户主数据往往连带账户统一管理及认证系统

账户主数据管理工作，最后通常交由账户管理中心及统一认证中心完成。

5. 账户主数据的多级授权

信息中心通常希望像统一管理账户一样统一管理账户的权限，但是由于权限模型在各个应用系统中都较为复杂，统一权限模型难度偏高，所以账户权限通常进行两级管理，即账户统一管理及认证系统管理到账户的系统级别权限，而账户进入系统后，由系统管理员管理系统内部权限。

10.3 账户主数据管理的组织及流程

账户主数据通常交由信息管理部门进行管理，这也是唯一一类可以由信息管理部门负责管理的主数据。账户管理流程由信息管理部门主导和制定，通过企业标准审核后颁布，全员执行。账户主数据新增流程示例如图 10-1 所示。

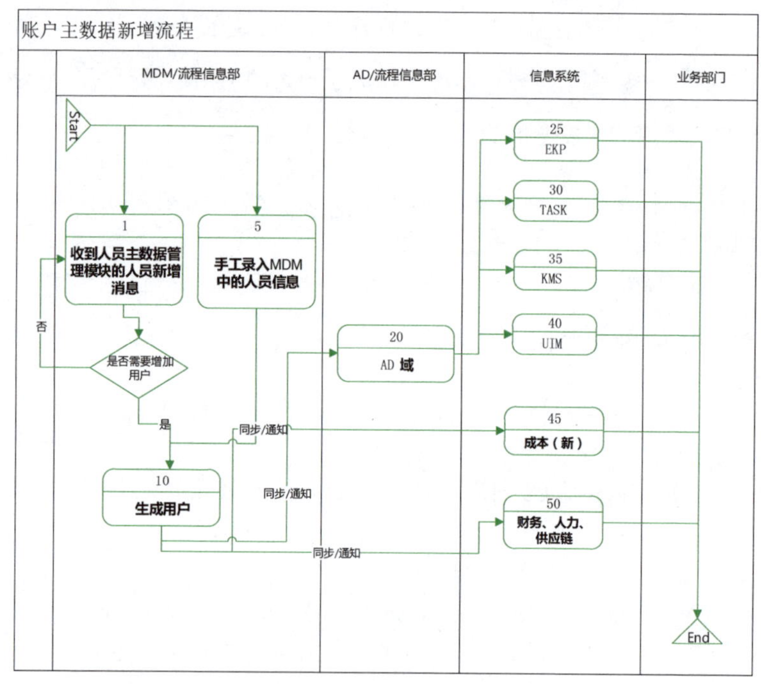

图 10-1

以上是账户主数据的新增流程，其他流程也需要形成规范并要求相关责任部门执行。

账户主数据的管理流程包含以下主要相关业务场景。

1. 人员入职

企业通常在人力入职流程中启动下级流程，开通人员账户。

2. 开通账户

在人员入职、外部人员进场服务等情况下会进行人员或角色账户的开通工作。

3. 账户基础数据的自助维护

账户信息管理，找回密码等。

4. 账户冻结和解冻

当账户发生意外或其他情况时，应当对账户进行自动或手动的冻结和解冻操作。

5. 账户注销

在人员离职或其他情况下进行账户注销工作。

6. 其他相关场景

账户主数据管理应针对以上场景进行主数据管理流程和规范的制定，如果有其他情况，也应当在账户主数据管理规范中予以说明。

10.4 账户主数据管理技术解决方案

10.4.1 数据流转同步方案

数据流转同步方案如图 10-2 所示。

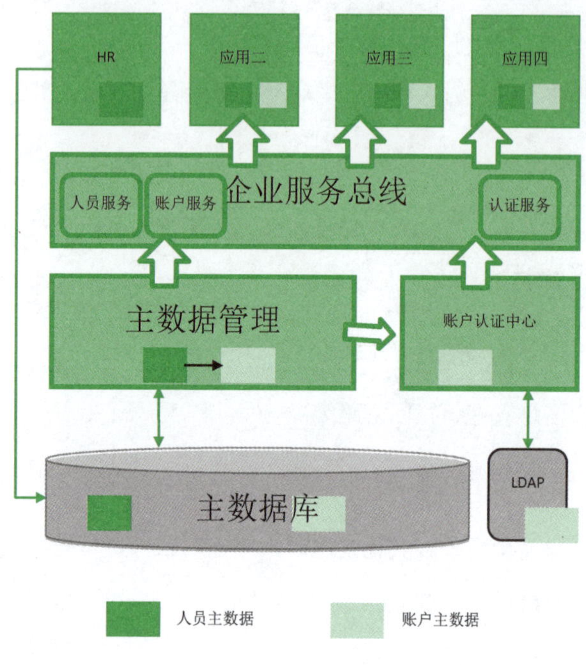

图 10-2

1. 数据产生

（1）人力资源管理系统提供人员主数据。

（2）人员主数据在主数据管理系统中存储。

（3）人员主数据通过主数据管理系统进行共享和分发。

（4）账户主数据可以根据人员主数据自动生成。

2. 数据管理及维护

（1）可以在主数据管理系统或账户统一管理及认证系统中管理账户主数据。

（2）主数据管理系统或账户统一管理及认证系统对账户主数据提供数据管理功能。

（3）主数据管理系统或账户统一管理及认证系统需要统一管理各个应用系统的准入权限。

（4）与企业内部人员对应的账户主数据可以与人员主数据保持联动。

3. 数据共享

（1）账户主数据可以在主数据管理系统中存储。

（2）需要发布账户主数据相关服务。

（3）企业中各个系统需要从账户主数据服务中获取账户主数据。

10.4.2 人员主数据与账户主数据联动方案

在账户主数据中，内部人员账户主数据占有很高的比例，这部分数据和内部人员主数据紧密相关，同时在业务侧也希望这两种数据保持联动，这样可以节约很多管理成本。

1. 人员入职联动

人员入职时，通过人员信息自动生成账户信息。比如，设定账户名称是人员姓名的全拼（姓名重复时可加阿拉伯数字）、人员密码是身份证号后六位等信息对应策略。这样，人员入职时就能够根据人员信息自动生成账户，甚至可以根据部门和岗位进行部分系统的权限开通等操作。

2. 人员信息调整联动

当人员信息调整时，如果这些信息和账户主数据信息有重合，则账户主数据信息应做同步调整，这些信息的调整会消除两种数据中信息不一致的情况，否则会影响账户的使用和部分权限。比如，账户对应人员的部门调整和岗位调整。

3. 人员离职联动

当账户对应人员离职时，可以设定对应的变动策略，如账户的自动冻结或者失效。当然也可以根据实际的业务情况进行其他业务策略的设置。

10.4.3 账户统一管理及认证

我们可以通过构建账户统一管理及认证系统来解决企业全局账户管理的问题，同时也可以承担账户主数据的大部分功能。账户统一管理及认证系统在业内没有完全统一的叫法，但是至少包括以下主要功能。

1. 统一用户中心

账户统一管理及认证系统负责管理与用户账户相关的工作，如新建、生效、实效、暂停、注销、映射、分发、同步、授权、支持认证方式、访问互斥策略等。

2. 统一认证中心

账户统一管理及认证系统负责账户统一管理及认证相关工作，如认证协议、逻辑、方式等。

3. 统一审计管理

账户统一管理及认证系统负责对用户的访问日志进行实时监控，对用户的访问操作行为进行合规监管统计。

10.5 账户主数据清洗

账户主数据清洗主要是将各个业务系统的账户统一，可以作为主数据管理项目中的数据清洗内容来完成，也可以打包到企业账户的统一管理及认证项目中完成。通过两种账户主数据清洗方法得到的结果基本相同。账户主数据管理包括以下主要步骤。

（1）依据账户分类内容，集中整理角色账户。

通常账户信息分类包括内部人员账户、外部人员账户、角色账户三种。我们首先梳理角色账户，如果此类账户具有全局性，则在账户统一管理及认证系统中统一维护；如果此类账户只是某系统中的私有账户，则继续在局部系统中维护。

（2）针对内部人员主数据，设定账户生成规则，集中生成人员账户主数据。

我们可以设定人员主数据和账户主数据的映射规则，当人员主数据生成时自动产生对应账户。如果有其他相对完整数据也可以直接使用，如 OA 系统、人力资源管理系统等全员系统中的账户。

（3）梳理外部人员账户并由账户统一管理及认证系统统一管理及授权。

一般允许外部人员进入的业务系统很少，主要集中在门禁、饭卡等系统中，可以由账户统一管理及认证系统统一管理及授权，并配置相应的管理策略。

（4）将数据导入主数据管理系统，生成主数据编码。

（5）将各个系统的账户主数据与人员主数据匹配，修改各个系统中的账户信息。

我们可以通过账户对应人员的姓名、部门、员工号码等唯一性属性进行数据匹配，并修改对应账户信息，对于无法匹配的账户进行人工处理。

（6）通过集成手段，保证账户信息联动。

10.6 账户主数据管理FAQ

（1）账户开通后，如何进行系统授权？

回答：我们已经介绍了账户的管理和开通流程，但是账户在开通后，还只是一个没有权限的账户，我们需要为账户授权后才能够让账户拥有者顺畅地使用信息系统的功能。通常我们需要在办公自动化系统中完成基本的权限申请，或者根据岗位和部门自动授予账户一些权限。当权限申请完成后，我们可以通过自动或人工的方式把权限授予申请者。

（2）账户主数据管理系统为什么不直接管理所有账户的权限？

回答：在方案中我们建议账户统一管理及认证系统只管到系统级权限，因为通常账户统一管理及认证系统还承担了各个系统统一认证的功能，所以账户统一管理及认证系统应当管理到每个账户是否可以进入某个系统中的权限，同时这也是数据同步分发的一个前提。我们通常不再进一步管理账户在各个系统中的权限，但这没有严格的限定和要求，仅仅是因为设计、改造、集成的工作量比较大，且带来的业务价值并不如期望的高，所以才采用两级授权方式。

（3）每个系统的管理员账户如何维护？是否还可以存在私有账户？

回答：如果不是全局的管理员账户（通常也不会存在这样的账户），那么每个系统需要各自维护管理员账户和私有账户。这些局部的内容在主数据管理体系中是被允许的，同时这些功能在各个系统中也已经具备。

（4）进行账户主数据清洗时无法改变系统的账户名称该怎么办？

回答：很多老旧系统直接将账户名称作为主键处理，这也导致了大量的外键引用关系，或者存在其他各种原因导致账户名称无法修改的情况，那么我们可以通过账户统一管理及认证系统的账户映射功能解决该问题，但需要系统提供该功能。

（5）如何支持账户的审计功能？

回答：无论是外部法案要求还是内部管控审计要求，对一个账户的各种操作和行为都应当"留痕"，即操作的内容和操作的行为记录。我们可以通过大数据平台将所有操作数据进行统一收集和整理，在需要的时候进行呈现，还可以通过这些行为日志对账户进行画像和更深入的分析及应用。

11 组织主数据管理

11.1 组织主数据的定义及模型

企业中的组织是指企业为了实现一定的目标，互相协作结合而成的团体。通常组织既包含公司层级的内容又包含公司里的多级部门甚至小组的内容。而这样的组织也会由于视角的不同产生多个版本，如行政组织、财务组织、股权组织、法人组织等。行政组织是从企业管理的视角进行划分的组织结构；财务组织是完全以财务的视角进行核算、统计、考核，从而建立的组织结构；其他组织则是从各自的视角进行划分的组织结构。大型集团型企业的组织主数据较多，单体型企业的组织主数据相对少一些。

行政组织模型（示例）如表 11-1 所示。

表 11-1

序号	属性名称	数据类型	维护方式	填写说明
1	组织编码	字符型	填写	用户身份认证时所需要输入的名称
2	组织名称	字符型	填写	
3	上级组织	字符型	填写	
4	组织类别	字符型	填写	1. 单位；2. 部门
5	组织负责人编码	字符型	填写	
6	地址	字符型	填写	
7	电话	字符型	填写	

续表

序号	属性名称	数据类型	维护方式	填写说明
8	邮箱	字符型	填写	
9	传真	字符型	填写	
10	生效时间	字符型	填写	
11	失效时间	字符型	填写	
12	备用字段 1			

在组织主数据模型设计中需要关注以下特点。

（1）组织主数据是树形结构。

组织主数据是树形结构，除了根节点，每个节点都有上级节点。

（2）组织通常包括公司和部门两个大的层级。

（3）组织主数据通常会关联人员主数据。

组织主数据通常会设定组织负责人属性，在进行人力部门负责人或干部调整时，需要在组织主数据中进行对应维护。

（4）组织主数据通常指行政主数据，这也是使用得最为广泛的一种组织主数据。

企业中的组织可能存在很多版本，数据结构大致相似，但是所描述的内容和视角差异很大，也正是由于视角的不同，数据内容也可能存在差异。

（5）组织主数据需要注意版本管理和时效性。

组织会在年度或业务需要时进行调整，新的组织会产生，旧的组织可能消亡，这其中还包含组织的合并和拆分，这些动作都应该在组织主数据中进行记录，并为后续的业务动作或业务统计提供信息支持。

（6）其他组织主数据模型。

其他组织，如财务组织、法人组织、股权组织等主数据模型的设计可以参考行政组织主数据模型，模型架构变化不大，但承载的内容有不同的视角。

11.2 组织主数据管理的要点

1. 多组织主数据的特点

前面提到了按照不同的管理视角划分，企业存在多种组织结构，那么这些组织是一起管理还是分开管理呢？

纵观笔者以往做过的主数据项目，确实有很多企业不进行区分。其原因是，某些国企客户、军工企业的行政组织和财务组织的组织体系非常像，所以它们一直在“凑合用”，并没有做拆分，在数据模型上的体现就是做成了一棵大的“树”。但目前一些民营企业的管理非常灵活，两套组织体系间的差异非常大，因此需要两套组织来展现。还有企业提出股权组织、法人组织，甚至在这些组织之外还列出了销售组织等具有业务线概念的组织结构。这些组织如果仍放在一起，则会出现问题。所以说，如果我们不懂实际业务直接就进行组织主数据管理，贸然设计一套组织体系，最后内容是拼凑在一起的，则在制订管理方案和技术方案时会遇到困难。

2. 多组织主数据的相似性

我们发现，行政组织主数据和财务组织主数据有很大的相似性，甚至和其他组织主数据也有不少的相似性。正是由于这些相似的内容，大家才有了将组织主数据放在一起管理的动因，毕竟对于名称和内容看似相同的数据，谁也不愿意重复维护。但是当我们从分类视角看待这个问题时发现，这样内容相似的数据背后的表述含义并不相同。

所以我们遵循主数据模型设计的宗旨，将不同的数据放在不同的模型中，尽量让模型的颗粒度变细，这样在具体使用的时候便可以进行组合使用。但是数据模型一旦包含多种内容，需要拆分的时候就会比较麻烦。

这个设计思想体现在组织主数据模型的设计上，对应的便是“多组织”的概念，即将每种组织主数据放到各自的模型里去，分开设计、分开管理。

3. 多组织主数据的关联性

我们是否可以在保持各个组织主数据模型独立的基础上，让相关、相似的数据能够尽量避免重复，从而降低人工维护的工作量呢？答案是肯定的。我们在观察各种组织主数据内容时发现，行政组织主数据对其他组织主数据内容有很大的影响，我们在进行数据关联设计时，可以通过行政组织主数据内容对其他组织主数据内容进行部分推荐，如果内容相互匹配则可以进行对应的数据内容复制，同时实现数据关联。这样的做法既保证了数据的独立，也尽量考虑到了内容的复用和关联。

11.3 组织主数据管理的组织及流程

我们首先应当界定组织主数据管理的范围，尤其是应当首先说明所谓的多组织到底需要考虑几种组织。在真正的项目实施落地过程中，建议以业务真实需求为出发点，进行多组织主数据管理，在业务需要并不紧迫的情况下，可以从行政组织主数据管理入手。

首先我们需要对企业的行政组织主数据管理流程进行梳理，结合主数据管理要求进行适当的调整和更改，最终发布的组织主数据管理规范及流程应当包括以下内容。

（1）组织主数据的管理部门和管理岗位。

（2）组织主数据的管理流程。

（3）组织主数据的管理依据。

组织机构新增流程示例如图 11-1 所示。

以上是组织主数据的新增流程，涉及组织主数据的合并或撤销等的管理流程也需要形成规范并要求职责部门进行执行。

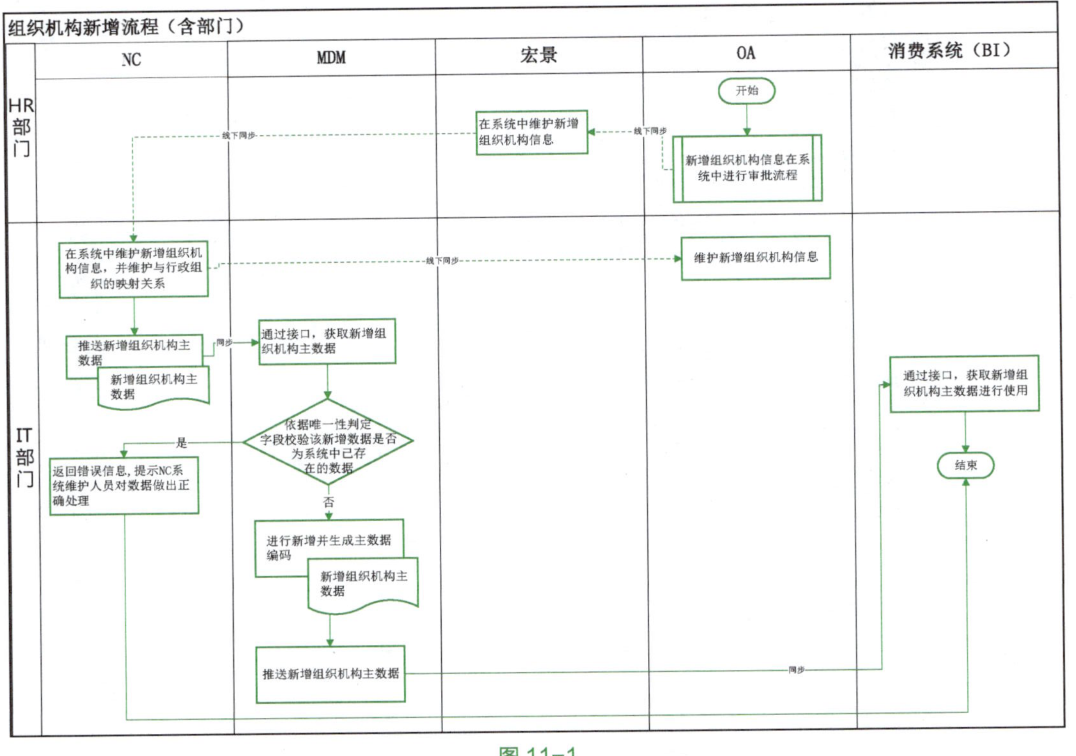
组织机构新增流程（含部门）
NC
MDM
宏景
OA
消费系统（BI）
HR部门
IT部门
开始
新增组织机构信息在系统中进行审批流程
线下同步
在系统中维护新增组织机构信息
线下同步
在系统中维护新增组织机构信息，并维护与行政组织的映射关系
线下同步
维护新增组织机构信息
推送新增组织机构主数据
新增组织机构主数据
同步
通过接口，获取新增组织机构主数据
依据唯一性判定字段校验该新增数据是否为系统中已存在的数据
是
否
返回错误信息，提示NC系统维护人员对数据做出正确处理
进行新增并生成主数据编码
新增组织机构主数据
推送新增组织机构主数据
同步
通过接口，获取新增组织机构主数据进行使用
结束

图 11-1

主数据管理部门职责示例：某集团的组织主数据管理实施分级管理原则，由集团信息管理部门进行组织主数据的统一监督、管理、审核、数据维护工作，具体如表 11-2 所示。

表 11-2

部门	职责
集团人力资源部门	负责某集团组织主数据在人力资源管理系统的维护工作
总部总裁办	负责审核各分 / 子公司上报的组织主数据新增、变更、撤销等相关工作
总部人力资源部门	负责审核总部总裁办提交的各分 / 子公司上报的组织主数据，然后提交集团人力资源部门进行人力资源管理系统的维护工作
总部信息管理部门	负责组织结构主数据的统一监督、管理、审核、数据维护工作； 负责对集团主数据管理平台相关系统功能进行落地及系统维护
各公司总经办	负责管理本企业组织和部门数据的新增、变更、撤销工作，并上报总部总裁办
各公司人力资源部门	负责审核本企业的组织结构数据，并上报集团人力资源部门进行人力资源管理系统的维护工作
各业务部门	负责管理各部门的职位新增、变更、撤销工作
各公司总经理	负责审核各业务部门上报的职位新增、变更、撤销工作

11.4 组织主数据管理技术解决方案

1. 数据入口

我们可以选择人力资源管理系统或主数据管理系统作为行政主

数据的入口，其他组织主数据也需要找到对应的维护组织和支撑系统。主数据管理系统应该能够对所有组织主数据提供数据的管理能力。

2. 数据存储

主数据管理系统应当能存储所有组织主数据及组织主数据的对应关系。

3. 数据流转图

数据流转图如图 11-2 所示。

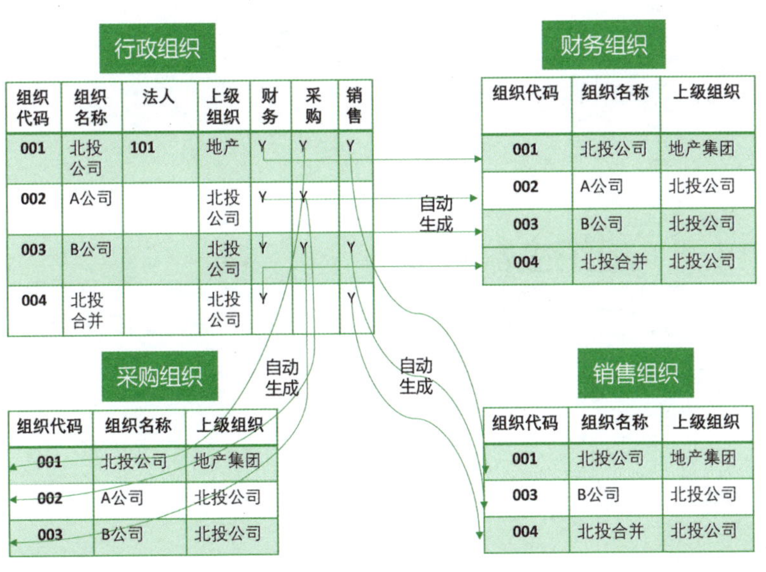

图 11-2

第一，我们没有把所有的组织维护成一棵大“树”，而将每一个组织维护成一棵“树”；第二，每个组织的权重值是不一样的，我们把行政组织树放在中间，其他组织树围绕着行政组织树，再由行政组织树的数据对其他组织树做驱动，其他组织树的节点和行政组织树做关联。

比如，行政组织生成了一条主数据，那么财务组织也会对应地生成一条主数据，财务组织根据自己的业务情况，确定这条主数据是否可以保留下来，如果不可以则删除。同时，财务组织也可以增加自己的主数据，如果新增主数据可以和行政组织的某条主数据对应起来，则将这两条主数据进行关联。

这样做解决了两个问题：第一，组织主数据不再乱了，组织树根据业务划分分别建立，而且每条主数据都能找到负责部门去维护；第二，主数据可以进行驱动，并且可以关联。

11.5 组织主数据清洗

组织主数据清洗主要包含以下工作。

1. 按照管理规范找到每个组织主数据的管理部门和管理岗位

每个组织主数据都应按照管理规范找到对应的管理部门和管理岗位，由这些部门和岗位来进行组织主数据清洗工作。

2. 结合当前已有数据和业务需求，对每种组织主数据进行数据梳理

管理部门根据各自的管理要求及现有数据情况，进行各自的组织主数据梳理。这些数据的内容量在一个可控制范围内，而且通常组织的划分都有较为正式的发文或说明。

3. 确定当前每种数据的数据记录条数

确定数据集合的所有记录内容，注意应当确认的是当前的有效内容，已经过期的内容可以不清理或做适当区分。

4. 梳理数据中的缺失内容和错误内容

获得数据全集后，针对当前数据内容找到缺失数据项，并对现有内容进行检查，找到错误数据项，依照数据维护规范的原始依据对缺失内容和错误内容进行修改和维护。

5. 对现有系统中的组织主数据进行调整

梳理现有系统数据，如 OA 系统、人力资源管理系统、财务系统等，将一种或多种组织主数据导入系统中，满足系统的使用需求，对于原始数据进行规范性整理。

11.6 组织主数据管理FAQ

（1）组织主数据本身相对清晰，同时管理难度并不大，而多组

织主数据在设计和技术实现上复杂度都比较高，在这种情况下进行组织主数据管理时是否必须建立多组织主数据模型？

回答：很多单体型企业，以及组织相对简单和清晰的企业都没有必要建立多组织主数据模型，只要让行政组织主数据能够有效管理、能够在各个系统中高效共享就已经达到了很多业务上的初衷。只有在一些大型企业，或者已经受到多组织主数据困扰的企业中才有必要进行整体设计和清洗。

（2）当组织主数据进行管理和维护，如组织拆分与合并时，主数据如何体现？

回答：在此种情况下，建议以历史数据的终结和新数据的开始来解决此类问题。虽然在业务逻辑上，我们可能会说 A 部门是由 B 部门和 C 部门合并而来的，那么我们是不是保留 A 删除 B 和 C 就可以了呢？这样的做法会带来一些业务上的混乱，不便于业绩的拆分或部门的考核。

（3）进行组织主数据管理和维护时需要注意哪些问题？

回答：组织主数据是相对比较严肃的数据，组织的变动包括组织负责人的变动，是经过企业内部深思熟虑的，所以在进行组织主数据管理和维护的过程中，需要注意数据管理部门和维护部门的分工。通常情况下，组织主数据的管理由组织部门或直接的公司高层领导负责，而数据的维护可以交由人力资源部门或 IT 部门负责，维护的依据可以参考企业内部的发文或领导的行政指令。

客商主数据管理

12.1 客商主数据的定义及模型

客商主数据是一类复杂的主数据，以下数据类型都可以涵盖在客商主数据管理的范畴中。

1. 客户

客户是指购买企业产品或服务的组织。需要提示的是，这里所说的客户不包括传统的个人客户，同时客户购买企业的商品和服务是为了供自身使用。

2. 渠道

渠道是指企业经营的产品和服务的渠道厂商，也可以称为分销商、代理商等。

3. 供应商

供应商是指为企业提供商品或服务的上游厂商。供应商既可以是组织，也可以是个人 。

4. 外部交易实体

外部交易实体泛指企业外部所有与企业有经济往来、业务往来的实体，这些实体可能是政府、企事业单位、个人或者 NGO（非政府组织）等。

在每种主数据之下，同样可以根据实体所描述的对象进行深入的分类和属性扩展描述。比如，在某家医药企业中，我们可以将外部交易实体这个对象再细分为生产销售企业、医疗卫生机构、政府及事业单位、服务企业、个人等。

由于每个企业的使用需求不同，可能会进行一种或多种客商主数据类型的管理。本节中我们从整体的客商角度进行阐述，当业务细节处理上出现明显差异时，再从细颗粒度视角分开讨论。客商主数据与人员主数据、组织主数据一样，被归类为通用主数据的一种。

12.1.1 客商主数据模型

客商主数据模型如表 12-1 所示。

该模型示例是以某区药企业的客商主数据模型为数据示例，根据企业的经营情况，对客商主数据进行进一步的细分，同时根据细分的种类添加更加明确的描述字段内容。

此模型的描述偏重于实体的客观基本属性描述。

12.1.2 客户主数据模型

客户主数据模型如表 12-2 所示。

表 12-1

集团 MDM 属性	生产、经销企业	医疗卫生机构	药店	政府机构及事业单位	服务企业	个人	其他
唯一性属性	国家	组织机构代码	组织机构代码	组织机构代码	国家	身份证号	国家
	组织机构代码	客商名称	客商名称	客商名称	组织机构代码	护照号码	组织机构代码
	客商名称	医疗机构执业许可证	药品经营许可证		客商名称	客商名称	客商名称
正确性属性	税务登记号	税务登记号	税务登记证号	事业单位法人证	税务登记号	联系地址	税务登记号
	营业执照注册号	营业执照注册号	营业执照注册号		营业执照注册号	手机号码	营业执照注册号
		事业单位法人证号	营业执照住所	证照地址		固定电话	证照地址
							其他证明
共享属性	客商分类	客商分类	客商分类	客商分类	客商分类	客商分类	客商分类
	省 / 直辖市	国家	国家	国家	省 / 直辖市	国家	省 / 直辖市
	城市	省 / 直辖市	省 / 直辖市	省 / 直辖市	城市	省 / 直辖市	城市
	营业执照住所	城市	城市	城市	营业执照住所	城市	上级单位
	生产许可证号	营业执照住所	经营许可证号	上级单位	上级单位	性别	风险提示
	经营许可证号	上级单位	第二类医疗器械经营备案凭证号	风险提示	风险提示	风险提示	
		风险提示	上级单位		经济类型		

续表

集团 MDM 属性	生产、经销企业	医疗卫生机构	药店	政府机构及事业单位	服务企业	个人	其他
共享属性	经营场所	机构类型	风险提示				
	上级单位	医院等级	药店类型				
	风险提示	营利 / 非营利	经营场所				
	经济类型	公立 / 民营	是否医院合作药房				
	生产地址	执业场所					
	是否生产厂家						
	备注	备注	备注	备注	备注	备注	备注

表 12-2

序号	属性名称	英文名称	数据类型	备注
1	客户编号	userNo	字符型	
2	客户姓名	userName	字符型	
3	性别	sex	字符型	
4	手机号码	phone	字符型	
5	联系电话	tell	字符型	
6	证件号码	idcard	字符型	
7	跟办人	vperson	字符型	
8	首次跟进日期	kfirstdate	日期	
9	最新跟进日期	knewdate	日期	
10	城市	city	字符型	
11	具体地址	address	字符型	
12	邮编	addresscode	字符型	
13	微信号	wx	字符型	
14	传真	taxAccount	字符型	
15	电子邮箱	email	字符型	

客户数据模型可以适当突出企业的服务关注点，同时在客户数据的管理和维护上考虑内容的可维护性。

12.1.3 供应商主数据模型

供应商主数据模型如表 12-3 所示。

表 12-3

序号	属性名称	属性性质	数据类型	填写说明
1	供应商主数据编码	必填项	字符型	系统按编码规则自动生成（具体参见编码规则）
2	供应商名称	唯一性	字符型	按照工商营业执照上的名称
3	供应商简称		字符型	按照日常习惯形成的简称
4	供应商类型	必填项	枚举型	个人供应商，组织供应商
5	供应商分类		枚举型	种子代制商、种子供应商、制种土地供应商（村委会、个体农户，对应生产方面的自办或自制业务）、包装供应商、IT 供应商和其他供应商
6	法人代表	必填项	字符型	工商注册法人代表
7	所在国家	必填项	主数据参照型	工商注册所在国家，如中国
8	所在省份	必填项	主数据参照型	取自行政区域表
9	所在城市	必填项	主数据参照型	取自行政区域表
10	注册地址	必填项	字符型	组织供应商：按照营业执照上的地址填写
11	组织机构代码 / 行政机构代码 / 身份证号	唯一性	字符型	必填项为企业供应商：组织机构代码；行政组织机构供应商：行政机构代码；个人供应商：身份证号
12	联系人		字符型	公司联系人姓名
13	联系电话		字符型	联系人手机号码
14	联系地址		字符型	联系人地址

供应商主数据模型需要充分考虑企业采购的严肃性，对供应商主数据的收集应当相对充分和准确，为后续供应商管理及评级等工作奠定基础。

12.1.4 渠道主数据模型

渠道主数据模型如表 12-5 所示。

表 12-5

序号	属性名称	属性性质	数据类型	填写说明
1	渠道主数据编码	必填项	字符型	系统按编码规则自动生成（具体参见编码规则）
2	渠道名称	唯一性	字符型	按照工商营业执照上的名称
3	客户经理名称		字符型	按照日常习惯形成的简称
4	渠道类型	必填项	枚举型	个人供应商，组织供应商
5	渠道级别		枚举型	种子代制商、种子供应商、制种土地供应商（村委会、个体农户，对应生产方面的自办或自制业务）、包装供应商、IT 供应商和其他供应商
6	法人代表	必填项	字符型	工商注册法人代表
7	所在国家	必填项	主数据参照型	工商注册所在国家，如中国
8	所在省份	必填项	主数据参照型	取自行政区域表
9	所在城市	必填项	主数据参照型	取自行政区域表

续表

序号	属性名称	属性性质	数据类型	填写说明
10	注册地址	必填项	字符型	组织供应商：按照营业执照上的地址填写
11	组织机构代码/行政机构代码/身份证号	唯一性	字符型	必填项为企业供应商：组织机构代码；行政组织机构供应商：行政机构代码；个人供应商：身份证号
12	联系人		字符型	公司联系人姓名
13	联系电话		字符型	联系人手机号码
14	联系地址		字符型	联系人地址

渠道主数据可以相对考虑内部管理及服务需求，构建内部对应管理及服务部门、岗位、人员等内容，突出企业对渠道的拓展及服务属性。

12.2 客商主数据管理的要点

1. “客”和“商”到底是一起管理，还是分开管理

在现实案例中，这两种主数据有时放在一起管理，有时分开管理。通常情况下，我们总是对供应商相对严格，而对客户则更强调服务。这样的业务环境也导致了主数据管理方案的差异。我们可以依据企业规模进行简单判断。

如果企业的规模比较小，生产链上的角色划分相对清晰，并且供应商和客户在各自业务上的交集也比较小，则建议将它们分成两

种主数据来管理。一般情况下，企业方面对供应商的主动权更多一些，也可以在管理上多提一些要求，供应商管理平台也可以作为数据入口提供很好的主数据管理系统支撑；如果是客户，企业就会更多考虑客户的体验，这样往往会造成一定的数据管理困难。

如果企业规模比较大，尤其是集团型企业，生意范围非常广，甚至是多业态的；或者它下面的几个业态之间是相互关联的，尤其对于一些投资控股型企业，它的业态可能涉及多个行业，如房地产、金融等；或者通过客商信息获知，它有时候扮演客户，有时候扮演供应商，将客户的数据信息和供应商的数据信息放在一起比对，发现它们的重叠度很高，但从集团视角来讲，它却是一个外部交易实体，则将“客”“商”合并成一个数据对象来管理比较好。

2. 管理颗粒度问题

我们所提到的客户、供应商、外部交易实体、渠道等实体，也可以针对管理需求进行进一步的拆分和细化，从而支持更精细化的管理。当然，这样的分类首先应当遵循科学的分类原则，在这个基础上，其实数据模型更加符合编程语言中的继承关系，而不是二维表格中的ER关系（数据库中的一种关联引用关系），这是我们在进行表设计时所应注意的。至于是否每个实体都需要进一步细化，则应根据企业的实际情况进行考虑。

3. 数据属性的多态性问题

客商主数据是非常严谨和严肃的，从模型的设计到属性的具体数值都关系到企业中的各个部门、岗位，甚至牵涉很多外部的利益，而有些字段的内容会存在多态性问题，所以数据的准确性问题需要着重考虑。

比如，客户的税号字段，当外部企业的税号发生变化时，我们希望在主数据中进行集中维护和全局的统一变动，通常此种情况对于其他属性字段是可行的，但是在税号字段中，就有可能出现执行中的项目的付款问题。有些企业在执行项目过程中，希望税号不变动，如果我们在主数据管理系统内进行了统一更改，那么就可能会出现发票开错的情况。所以，从产品角度考虑，应当支持一个属性的多态情况，并且允许多态内容的并存。

12.3 客商主数据管理的组织及流程

由于客商主数据涉及范围较广，我们提供几种视角的管理组织和流程描述，它们分别是客户主数据管理、供应商主数据管理、集团型客商主数据管理视角的外部交易实体管理。我们应当在现有企业内部管理制度的基础上进行完整梳理，并基于主数据管理需求进行更改。由于每种实体的管理制度和流程都是在多年业务运转基础上总结、提炼出来的，不建议大家在不深入了解业务的前提下进行大范围的改动。

12.3.1 客户主数据管理的组织及流程

客户主数据管理组织需要依据企业规模或管控要求而确定，因企业而异。例如，针对中小企业，生产链划分比较清楚，客户主数据的管理组织可能是集团的市场管理部或销售部之类的部门；而针对多业态的集团型企业，依据业务板块管控的差异性，客户主数据管理可能分散在下属各业务板块，也可能由集团统一管控，具体依据企业现状及需求而定。

同理，我们也应依据不同企业的规模及其管理组织层级的差异性，制定符合企业业务场景的客户主数据管理流程。客户主数据新增流程示例如图 12-1 所示。

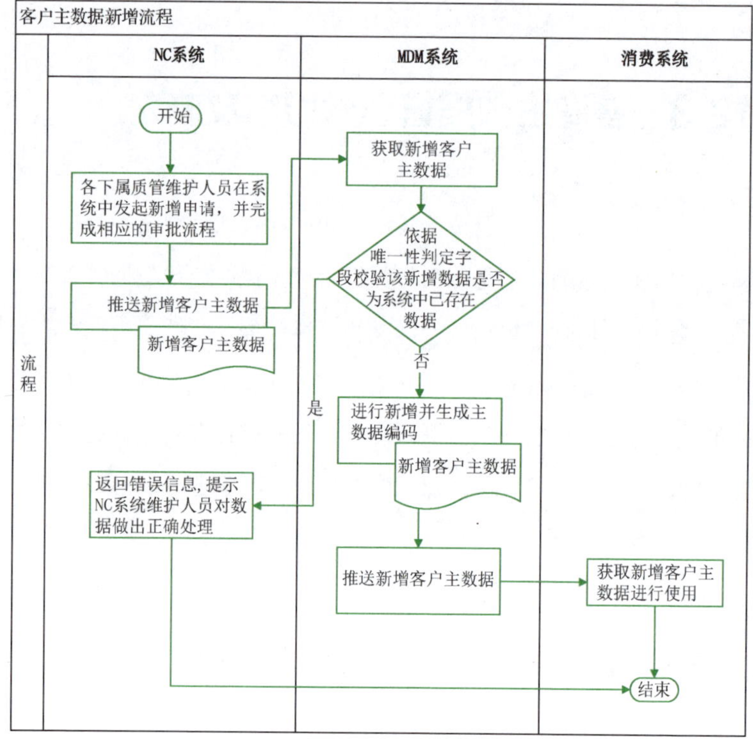

图 12-1

客户主数据管理的其他场景同上，也需要形成规范并要求职责部门执行。

12.3.2 供应商主数据管理的组织及流程

供应商主数据的管理组织也需要依据企业规模或管控要求而确定，因企业而异。例如，针对中小企业，生产链划分比较清楚，供应商主数据的管理组织可能是集团的质量管理部或采购部之类的部门；而针对多业态的集团型企业，依据业务板块管控的差异性，供应商主数据管理可能分散在下属各业务板块，也可能由集团统一管控，具体依据企业现状及需求而定。

同理，我们也应依据不同企业的规模及其管理组织层级的差异性，制定符合企业业务场景的供应商主数据管理流程。供应商主数据新增流程示例如图 12-2 所示。

供应商主数据管理的其他场景同上，也需要形成规范并要求职责部门执行。

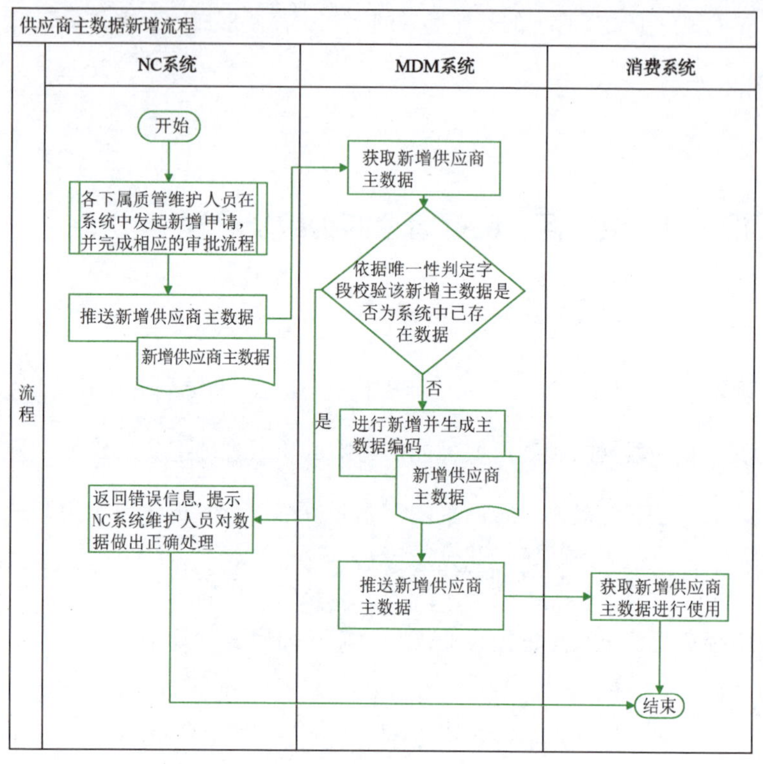

图 12-2

12.3.3 集团型客商主数据管理的组织及流程

由于企业的客户主数据和供应商主数据重合度较高，从集团层面来讲，不管是客户还是供应商都属于企业外部的交易实体，既可能是企业也可能是个人，所以集团型客商主数据可以放在一起进行管理。其管理组织一般是集团的某个职能部门，由此部门进行统一管理，或者由各下级单位进行填报申请，上报集团进行审核及管理。

集团型客商主数据新增流程示例如图 12-3 所示。

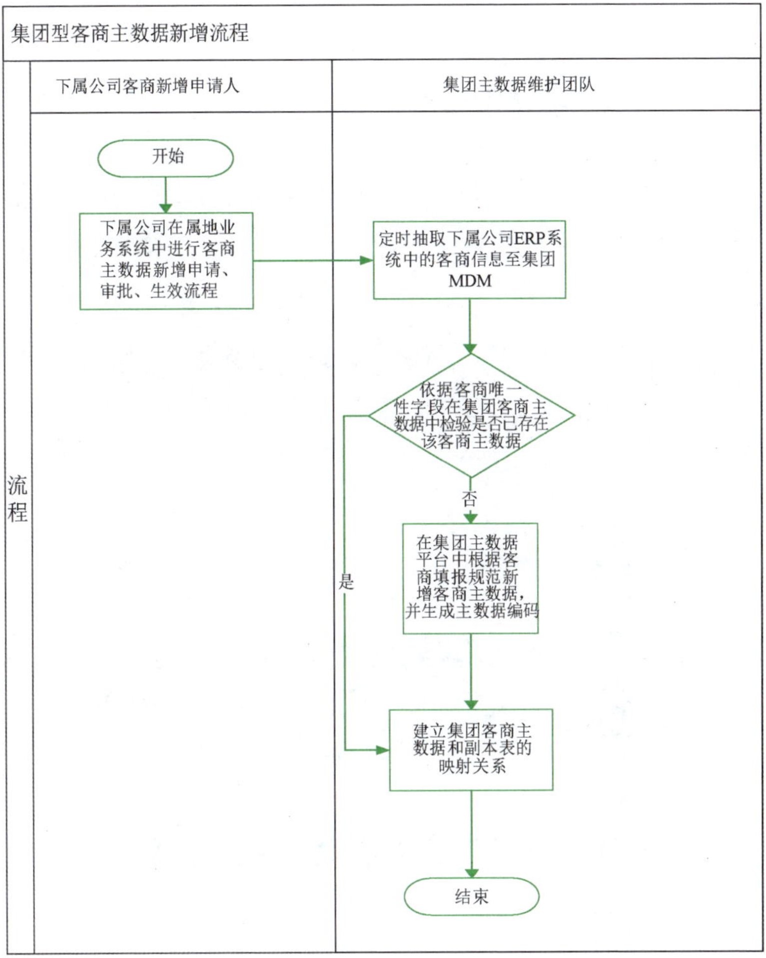

集团型客商主数据新增流程

流程

下属公司客商新增申请人

集团主数据维护团队

开始

下属公司在属地业务系统中进行客商主数据新增申请、审批、生效流程

定时抽取下属公司ERP系统中的客商信息至集团MDM

依据客商唯一性字段在集团客商主数据中检验是否已存在该客商主数据

否

在集团主数据平台中根据客商填报规范新增客商主数据，并生成主数据编码

是

建立集团客商主数据和副本表的映射关系

结束

图 12-3

供应商主数据管理的其他场景同上，也需要形成规范并要求职责部门执行。

12.4 客商主数据管理技术解决方案

12.4.1 单源头技术解决方案

不管是客户、供应商、客商还是渠道主数据，集团采用强管控型或单体型企业的方式进行数据统一管理的话，一种情况是集团统一部署信息系统，进行客户、供应商、客商或渠道主数据的管理，另一种情况是分配权限给各下级单位进行填报维护，由集团统一审核及管理。那么，在这两种情况下，主数据属于单源头模式，其技术解决方案如图 12-4 所示。

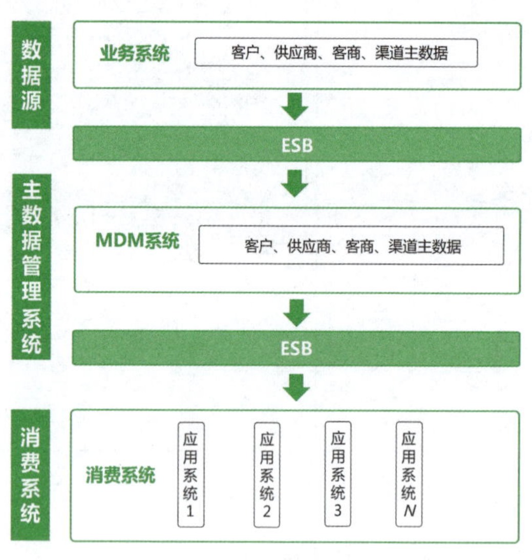

图 12-4

还有一种情况是，各下属单位独立部署业务系统，分别进行客户、供应商、客商或渠道主数据的管理。后续为满足集团的管控要求，集团想把数据管控权限收归集团，则需要建立统一的业务系统进行主数据的统一管理、分发、统计分析等，由多源头变为单源头进行管理，其技术解决方案如图 12-5 所示。

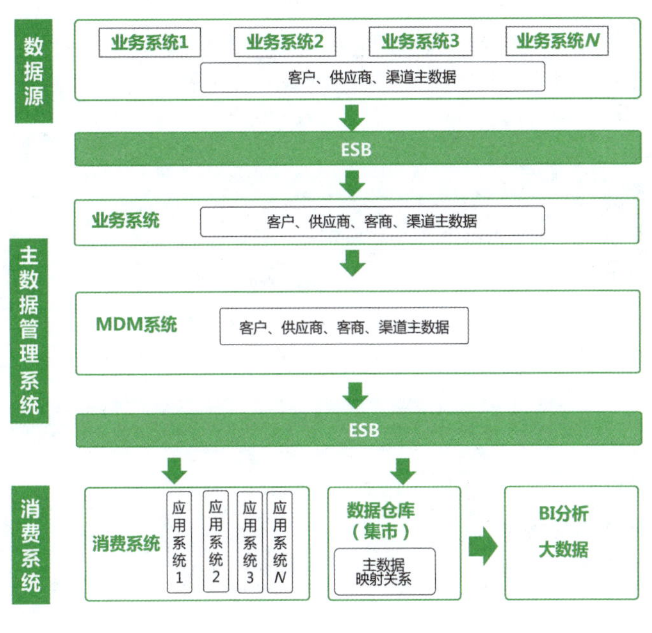

图 12-5

12.4.2 多源头技术解决方案

对于弱管控型集团型企业来说，集团没有相应的人力、物力去管控各下属企业，或者依据企业业务情况不需要去管控下属企业，那么其进行主数据管理时，就要将数据权限下放到各下级单位，集团制定统一的主数据标准规范，要求各下级单位按照规范执行并上报数据，供集团进行统计分析及领导决策使用。各下级单位会建立不同的属地业务系统进行数据管理。在这种情况下，客户、供应商、客商、渠道主数据属于多源头模式，其技术解决方案如图 12-6 所示。

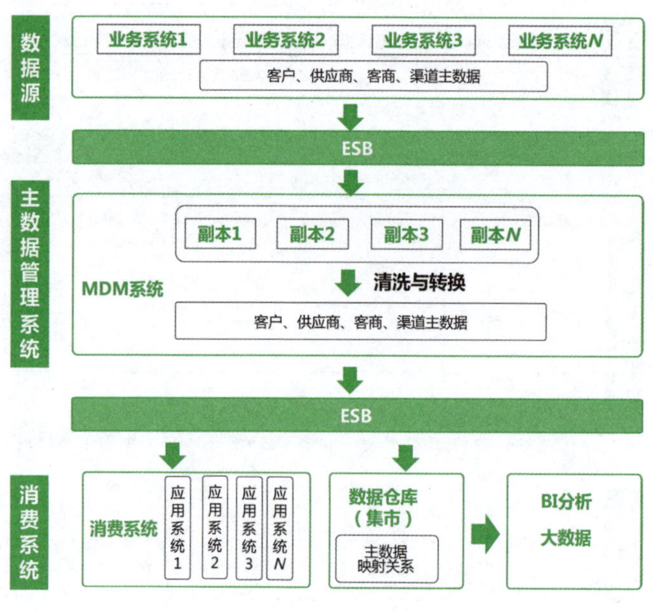

图 12-6

12.5 客商主数据清洗

针对不同规模、不同行业的企业，如果客商主数据的管理方式不同，则清洗方法也不一样。按照上述技术解决方案中描述的情况进行客商主数据清洗，如下。

1. 单源头集成方式的数据清洗

集团明确客商主数据管理的相关责任部门及其岗位职责，确定客商主数据的模型、编码规范、分类规范、填报规范等内容，制定清洗规则并制订清洗计划，按照主数据清洗模板进行客商主数据清洗。

清洗完成后，集团按照清洗要求进行审核，审核通过后导入主数据管理系统。

2. 多源头集成方式的数据清洗

集团明确客商主数据的相关责任部门及其岗位职责，确定客商主数据的模型、编码规范、分类规范、填报规范等内容，制定清洗规则并制订清洗计划。

组织各下属单位进行客商主数据清洗内容培训，并将清洗模板下发至各单位，要求各单位按照清洗规范进行客商主数据清洗。

清洗完成后上报至集团进行审核，未达到要求者返回重新清洗，符合清洗规范后，由集团汇总数据，并将其导入主数据管理系统，建立源头数据与主数据的映射关系。

具体流程及计划可以参见物料主数据清洗章节。

12.6 客商主数据管理FAQ

（1）对于大型集团型企业，如何统计两个集团型企业之间的交易总额?

回答：大型集团型企业之间的交易总额相对难以统计，这就要求组织主数据和客商主数据管理系统的完善构建。本集团型企业的组织主数据统计内容信息，而客商主数据则要设置上级组织字段，用以识别大型集团组织，最终依靠数据中台汇聚所有交易数据进行业务数据统计。统计结果可以更好地支撑集团型企业间的协作，也有利于集团型企业外部的商务谈判工作。

（2）集团型企业中两个板块间的客商主数据打通有哪些价值?

回答：业务价值非常多，上述交易额统计就是其中一个场景。再列举一个风控场景，某贸易企业的主营业务板块是进出口贸易和物流，很多外部交易实体在第一个板块是客户，而在另一个板块是供应商，经常的业务往来会涉及资金账期问题。该企业在进行整体客商数据管理后，当有付款动作时，会按照统一客商标识，查找该客商欠款，在规则允许的情况下，进行欠款催收。其他相关业务场景还有很多，可以在实践过程中逐步探索。

（3）当前的数据继承和数据多态有技术上的支撑方案吗?

回答：当前的数据继承和数据多态在大部分技术产品中的支撑并不充分，需要做定制化解决方案。

（4）客户数据中很多属性无法获取该怎么办?

回答：如果我们所描述的实体是企业内部实体，那么所制定的属性只要是合理、合法的，我们就可以通过管理方法获取这些属性。

但是当我们所描述的是一个外部实体时，很多时候我们所罗列的属性只是表达了我们的一些希望，至于是否可以获取这些属性内容，则需要放在具体的场景中去考虑，需要配合业务策略去尽量获取。但存在很多属性客户不愿意提供的情况，这种情况下的数据获取度和准确度必定会低于内部实体对象数据的描述。所以我们应当充分利用服务、外部数据支撑，以及一些必要的让利等综合方式去获取数据。

（5）对于制定的数据管理规范，业务部门有抵触或不接受该怎么办?

回答：客商主数据相关的数据管理组织和流程基本上要依靠业务部门来完成，在我们所制定的流程中，如果出现争议点，则应当按照具体的场景判断。

① 修改后不符合业务要求，影响业务。

在此种情况下，主数据管理流程做修改应当以业务为重。

② 增加了不必要的业务流程。

如果流程设计烦琐、不合理且不必要，则主数据管理流程应做修改。

③ 符合主数据管理要求，但增加了业务部门负担。

设计内容为主数据管理的必需要求，且内容合理、不影响业务，则业务部门应做必要的增加和投入，必要时增加岗位预算。

13 顾客主数据管理

13.1 顾客主数据的定义及模型

在所有2C行业中，顾客主数据都是核心资产。收集顾客主数据，进行精准营销、服务已经成为这些行业中的企业重要的竞争要素。尤其在互联网行业中，流量就是生存的根本。即使是很多依赖于渠道的消费品行业企业，也都在尽可能地接触最终顾客，获取他们的信息，以便进行产品和服务的优化。

表13-1所示为基础顾客主数据模型设计，需要根据企业现有数据情况进行属性的增加和调整。同时,顾客主数据可能存在众多入口，不同入口的顾客主数据模型会存在差异，我们所设计的顾客主数据模型应为主数据管理系统中存储的且兼顾各个数据入口的模型。

表13-1

序号	属性名称	数据类型	备注
1	姓名	字符型	
2	性别	参照型	
3	年龄	字符型	
4	身份证号	字符型	
5	家庭住址	字符型	
6	手机号码	字符型	
7	微信号	字符型	
8	电子邮箱	字符型	
9	其他		

13.2 顾客主数据管理的要点

1. 顾客主数据的多入口

顾客主数据由于业务情况，很可能存在众多入口。比如，有些企业在早年的经营中，为了管理上的便捷，线上、线下经营分开，线上可能进一步分成电话、网站、微信，线下也会有渠道、自营门店、团购等多种模式，相对独立的经营模式导致业务系统支撑各自独立，也导致数据入口多和相互独立。从主数据管理角度而言，可以采用多种技术手段达到数据一致的目的，但是在顾客主数据管理的背后其实是顾客管理的整体规划。主数据管理应当配合企业的顾客管理和运营思路进行对应支撑。

2. 顾客主数据的唯一标示属性不确定

由于数据入口多，就有可能出现多种唯一标示属性共存的情况。比如，微信小程序端的顾客以微信号判断唯一性，门店会员以手机号码判定唯一性，高级会员可能会提供身份证号等。在进行数据模型设计和数据清洗时，我们需要考虑多种唯一标示属性共存的问题。

3. 顾客主数据的 OneID 问题

我们在进行顾客主数据清洗时，既可以用传统方法来鉴别重复数据，也可以使用相对复杂的算法进行 OneID 拟合，但无论采用哪种方式，我们的目的都大致相同，即希望一个顾客只有一个编码，或者一个自然人只有一个编码。OneID 算法相对复杂，需要通过各种属性和行为的关联分析进行最终 OneID 的确定。

4. 顾客关系链管理

在某些行业，除了顾客信息，顾客与顾客之间的关系信息、关系链信息也是企业所希望获取的内容。比如，在地产、汽车等行业，同住人信息、家庭成员信息都会对购买人的购买行为和购买决策产生影响。在顾客主数据管理系统中，要从模型设计、管理支撑等各个环节综合考虑。

5. 顾客主数据属性边界设定

这个问题也属于一个相对通用性的问题，只是在顾客主数据中相对明显。我们将所有围绕实体的数据内容做如下划分。

（1）属性：属性是客观实体的一种性质，包含自然属性和业务属性，根据实体本身性质和业务原则的规定而确定内容数值。

（2）指标：指标是围绕实体、组织、业务场景中产生的业务活动所得到的统计性结果，如门店业绩、顾客购买数额、退货数量等。

（3）标签：标签是基于实体的行为对实体的一种画像，实体的行为变动时，数值随之改变。比如，价格敏感型顾客等。

顾客主数据只设计属性，其他相关指标和标签则由其他工作单元承担。所以我们在设计过程中需要注重边界问题，否则项目边界扩大会造成不必要的风险。

13.3 顾客主数据管理的组织及流程

顾客主数据管理组织比较分散，尤其是在零售行业中，企业一般会有网店或实体门店，这两种情况下都会有相应的组织或部门进行顾客主数据管理。另外，顾客在不同时期具有不同的特征表现，如新顾客、活跃顾客、睡眠顾客、流失顾客等分类，有些企业针对不同分类的顾客设立不同的职责部门，因企业而异。在实施顾客主数据管理时，要明确顾客主数据管理组织及其岗位职责和维护流程。图 13-1 所示为顾客主数据新增流程示意图。

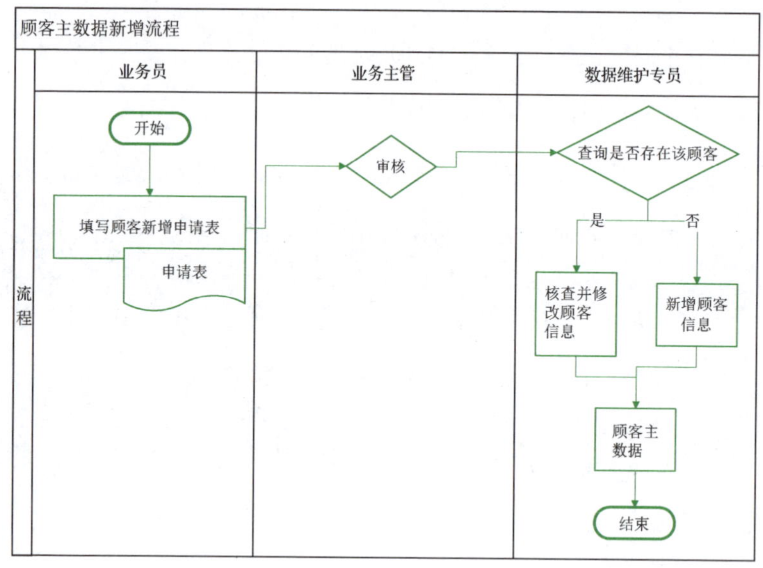

图 13-1

顾客主数据管理的其他场景也需要形成规范并要求各职责部门执行。

13.4 顾客主数据管理技术解决方案

13.4.1 顾客主数据 CRM 支撑体系

对于零售行业来说，顾客是企业最大的财富，但是如何保有顾客或将潜在顾客转变为真正的签约客户，需要对顾客主数据进行管理和分析。企业一般会建立 CRM（客户关系管理）系统对顾客业务进行全生命周期的管理，最终将顾客变为企业的资产，具体业务流程如图 13-2 所示。

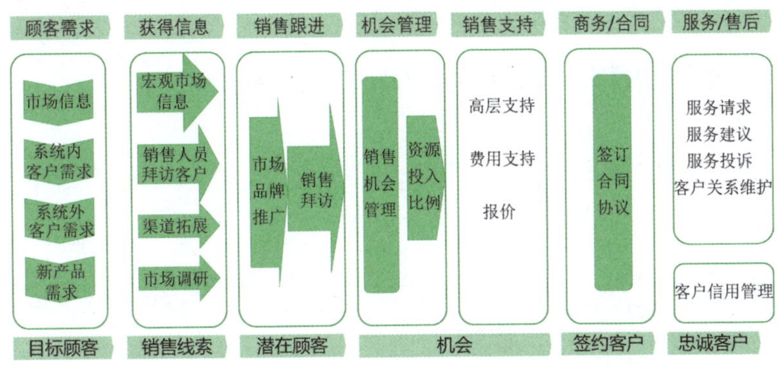

图 13-2

CRM 系统基本维护了顾客的各类信息内容，后续 CRM 系统会成为顾客主数据的来源之一。

13.4.2 顾客主数据 MDM 支撑体系

零售行业的特性会导致顾客主数据采用多源头的管理方式，依据顾客的购买周期及迫切程度进行顾客分类与分级管理。集团制定统一的顾客主数据的模型、编码规范、分类规范、填报规范、清洗和集成规范等并要求各下属单位执行。

企业中有些系统不具备存储大量顾客主数据和业务管理的功能，如企业官网、客户服务系统等，需要先将数据存储、录入顾客主数据管理系统进行统一维护，再抽取到主数据管理系统进行统一编码和管理，具体采用何种模式，依据企业业务情况而定。但不管顾客主数据是采用单源头模式还是采用多源头模式，其技术解决方案架构都与客商主数据相同，在此不再详述。

13.4.3 顾客主数据用户中心支撑体系

顾客主数据的主要作用是提升店铺交易额和进行精准推广，需要我们建立起完整、准确的顾客主数据库（用户中心），进行数据分析与挖掘，并给业务带来价值，如图 13-3 所示。

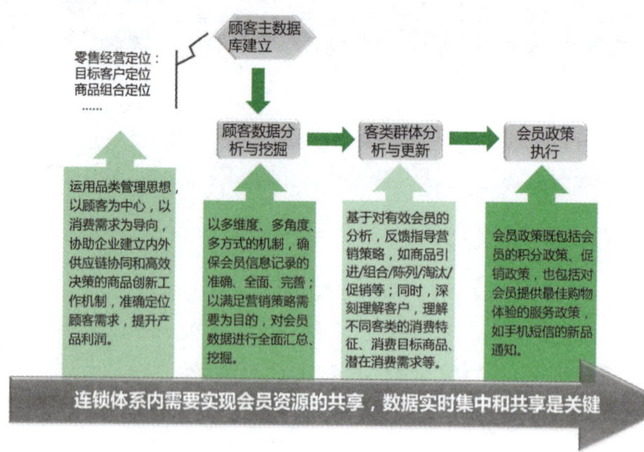

图 13-3

13.5 顾客主数据清洗

对于零售行业来说，顾客主数据是数据量最大且数据质量无法保证的主数据。由于零售行业的特殊性，网店和实体门店同步进行数据收集会导致大量数据重复。顾客主数据的数据源头非常多，网站、客服、实体店等各个业务系统都存在顾客主数据。建议顾客主数据清洗遵循以下原则及步骤，尽可能保证数据的准确性、完整性、一致性等。

（1）明确顾客主数据的管理组织及岗位职责、维护流程。

（2）确定顾客主数据的模型、编码规范、分类规范、填报规范等。

（3）明确清洗范围，如潜在顾客或近几年内未发生购买行为的顾客主数据不包括在内等。

（4）制订清洗计划。

（5）组织并培训清洗小组。

（6）各责任人按照规范进行清洗数据，集团进行汇总审核，对于名字相同但电话或地址不同的顾客可以人工排查是否为重复数据。

13.6 顾客主数据管理FAQ

（1）在进行大量数据合并时，发现一致的数据，是否可以直接自动合并？

回答：由于顾客主数据非常敏感，即使出现一个合并错误也有可能造成用户的使用问题，甚至导致用户数据泄露。所以不建议进行自动合并，即使数据在我们设定的排重算法中拥有非常高的拟合数值，也建议由业务部门来做最终的确定，甚至由用户独自操作完成。

（2）对于信息很少的顾客，应当如何处理？

回答：当我们设计顾客主数据模型时，会尽量多地考虑如何获取到可以获取的有价值的用户数据。但是无论我们怎样完善流程和进行引导，始终会有大量的小信息量数据和潜在客户数据，这些数据建议完整保留，为以后丰富数据奠定基础。

（3）对于很多无法拿到的数据，应当如何处理？

回答：我们应当尽可能多地获取可以获取的数据，同时客户并没有义务将某些非必要信息提供给企业，所以这一切都是建立在对等交换基础之上的。比如，如果顾客需要邮寄产品，那么就会留下住址信息；顾客如果希望参与产品的设计或对购买的商品发表评价就会留言；如果我们请客户参与有奖问答，则可以通过让利获取顾客的信息。这些都属于互动或交易，需要在让客户满意和愉悦的前提下来获取数据。所以，当我们无法获取更多的数据时，就应当理解这是一种必然的情况。

（4）如果业务上没有打通，那么顾客主数据是否还要做？

回答：我们建议业务先行，建立企业全局视角的顾客主数据体系，再启动顾客主数据治理工作，支撑整体规划。即使企业在业务上没有做好充足的准备，我们也可以先采用一些技术手段，将所有地方存在的顾客主数据进行汇聚和拟合，这样就可以相对了解顾客主数据的局部情况和全貌，甚至可以通过数据的重合度、数据的多维度汇总结果，反向推动业务。

（5）主数据管理系统是否可以支持顾客主数据管理?

回答：我们建议采用专业的应用系统来支撑顾客主数据的管理工作，就像人力资源管理系统支撑员工主数据、认证系统支撑账户主数据、SRM 系统支撑供应商主数据一样。当然，主数据管理系统也应当可以支撑顾客主数据的常用管理，尤其是在数据的汇聚和清洗的过程中，主数据管理系统具有明显的功能优势。

产品（商品）主数据管理

14.1 产品主数据的定义及模型

狭义上讲，产品是指被生产出来的物品，一般指实物产品。广义上讲，产品是指能够满足人们需要的载体，包括实体的产品、特定的服务，以及其他有价值的可交易的东西，所以我们将企业的产品定义为企业向市场提供的能满足消费者或用户某种需求的有形物品和无形服务。

产品主数据是我们接触到的第一个带有行业特征的主数据。产品主数据涉及的行业很多，尤其是流通性企业、消费品企业、制造型企业等。产品是企业的核心，很多企业中所有的业务线条都是围绕产品来运转的，从产品的设计、生产，到营销、销售、服务等。如果产品主数据做不好，那么围绕这个产品的统计分析就会失真和不准确，同时我们也很难观察到这个产品的全貌。

另外，每种产品在不同的行业和不同的企业中，其模型描述的差别非常大。笔者以自己所经历过的项目为例，进行产品主数据定义介绍。

家具企业产品主数据模型（示例）如图 14-1 所示。

医药流通企业产品主数据模型（示例）如表 14-1 所示。

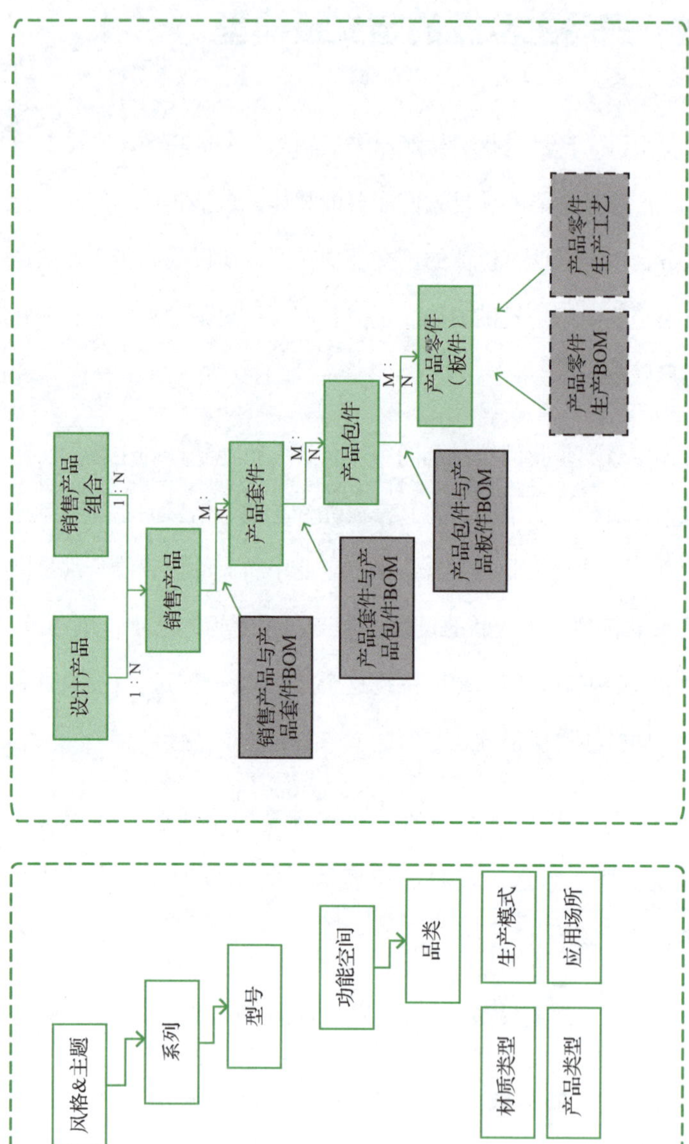
设计产品
销售产品组合
1：N
1：N
销售产品
M：N
产品套件
M：N
产品包件
M：N
产品零件（板件）
销售产品与产品套件BOM
产品套件与产品包件BOM
产品包件与产品板件BOM
产品零件生产BOM
产品零件生产工艺
风格&主题
系列
型号
功能空间
品类
生产模式
应用场所
材质类型
产品类型

图 14-1

表 14-1

管理组织	属性性质	属性名称	1		2		3		4	
			化学原料药		中药材		中药饮片		药用辅料	
			运营码	统计码	运营码	统计码	运营码	统计码	运营码	统计码
申请公司	唯一性	通用名/品名/产品名称	通用名	通用名	品名	品名	品名	品名	品名	品名
		商品名							商品名	商品名
		规格	规格	规格	规格		规格		规格	规格
		生产厂家	生产厂家	生产厂家			生产厂家	生产厂家	生产厂家	生产厂家
		产地			产地					
		受托厂家	受托厂家						受托厂家	
		计量单位	计量单位	计量单位	计量单位		计量单位		计量单位	计量单位
		包装数量	包装数量		包装数量		包装数量		包装数量	
		进项税率	进项税率		进项税率		进项税率		进项税率	
		销项税率	销项税率		销项税率		销项税率		销项税率	
		正常商品/样品	正常商品/样品		正常商品/样品		正常商品/样品		正常商品/样品	
		OTC 类型								
		批准文号	批准文号	批准文号			批准文号	批准文号	批准文号	批准文号

续表

管理组织	属性性质	属性名称	1		2		3		4	
			化学原料药		中药材		中药饮片		药用辅料	
			运营码	统计码	运营码	统计码	运营码	统计码	运营码	统计码
申请公司	正确性	注册证号/备案凭证号	注册证号/备案凭证号	注册证号/备案凭证号						
		本位码	本位码	本位码						
		外文名称	外文名称		外文名称		外文名称		外文名称	
		商品状态	商品状态		商品状态		商品状态		商品状态	
质量总部	统计分析	是否体外诊断试剂								
		是否参茸					是否参茸	是否参茸		
		普通/特殊药品								
		是否冷藏/冷冻商品	是否冷藏/冷冻商品	是否冷藏/冷冻商品						
		剂型								

续表

管理组织	属性性质	属性名称	1		2		3		4	
			化学原料药		中药材		中药饮片		药用辅料	
			运营码	统计码	运营码	统计码	运营码	统计码	运营码	统计码
质量总部	其他属性	批件规格								
		明细类别						明细类别		明细类别
		集团自产/外购		集团自产/外购		集团自产/外购		集团自产/外购		集团自产/外购
		国产/进口		国产/进口		国产/进口		国产/进口		国产/进口
		是否出口		是否出口		是否出口		是否出口		是否出口
		国别		国别		国别		国别		国别
		是否国家医保目录								
		是否国家基本药物								

农业种业企业产品主数据定义（示例）如表 14-2 所示。

表 14-2

序号	属性	属性性质	数据类型	填写说明
1	品种主数据编码	系统自动生成	字符型	自动生成唯一的品种主数据编码
2	品种编码	必填项	字符型	根据分类编码规则，自动生成品种编码，品种编码作为系统中品种的唯一标识
3	品种名称	唯一性	字符型	根据品种名称定义录入品种名称
4	一级分类	必填项	主数据参照型	参照品种分类主数据
5	二级分类	必填项	主数据参照型	参照品种分类主数据
6	三级分类	必填项	主数据参照型	参照品种分类主数据
7	四级分类	必填项	主数据参照型	参照品种分类主数据
8	父本	必填项	主数据参照型	参照种质资源主数据
9	母本	必填项	主数据参照型	参照种质资源主数据
10	三系		主数据参照型	参照种质资源主数据
11	选育单位	必填项	字符型	品种选育单位全称
12	推广单位	必填项	字符型	负责该品种销售、推广的单位全称

品种子类（黄瓜）主数据定义如表 14-3 所示。

表 14-3

模型名称	审定（登记）子表 - 黄瓜			
定义	品种审定书上的相关信息			
序号	属性名称	属性性质	数据类型	填写说明
1	品种审定主数据编码	系统自动生成	字符型	自动根据编码规则生成
1	审定编号	唯一性	字符型	审定数
2	品种名称	必填项	主数据参照型	参照品种主数据
3	申请者	必填项	字符型	选育单位
4	育种者	必填项	字符型	选育人员或选育单位
5	审定时间	必填项	字符型	
6	审定单位	必填项	枚举型	
6	审定意见	必填项	字符型	
8	植株生长势		枚举型	
9	叶片形状		枚举型	
10	叶片大小		枚举型	
11	叶色		枚举型	
12	瓜条长度		枚举型	
13	瓜把类型		枚举型	
14	瓜皮色		枚举型	
15	瓜条表面光泽度		枚举型	
16	果肉厚薄		枚举型	

续表

序号	属性名称	属性性质	数据类型	填写说明
17	心腔大小		枚举型	
18	果肉颜色		枚举型	
19	口感、味道		字符型	例如，脆
20	抗病性		字符型	例如，中抗霜霉病、白粉病和靶斑病、高抗枯萎病
21	抗逆性		字符型	例如，耐寒性较强
22	栽培季节（茬口）		枚举型	
23	单瓜重		字符型	例如，200g 左右
24	瓜把瓜长比		字符型	例如，小于 1/7
25	雌花节率		字符型	例如，50% 左右
26	适宜种植区域		字符型	例如，山东
27	分枝性		枚举型	
28	熟性		枚举型	
29	瓜条表面黄线		枚举型	
30	瓜棱		枚举型	
31	瓜刺颜色		枚举型	
32	瓜刺数量		枚举型	
33	瓜瘤数量		枚举型	
34	瓜瘤大小		枚举型	
35	主侧蔓结果习性		枚举型	
36	种瓜颜色		枚举型	

通过以上主数据模型示例，我们总结出以下特点。

1. 行业、企业特点明显

每个行业、每个企业的产品内容描述千差万别，跨行业基本没有可复制性，跨企业也需要根据企业的实际情况进行相应调整，同时产品主数据模型的设计需要深入企业，了解企业业务。

2. 产品有可能是类别主数据

产品主数据和商品主数据的颗粒度还存在略微的不同。产品主数据有可能是类别主数据，如果是类别主数据则需要注意颗粒度和唯一性属性的设定问题。

3. 产品主数据有可能出现子类

产品主数据可能需要针对产品的形态做进一步明细划分，划分的过程中可能出现具体的子类。子类继承自主类，且包含了扩展的详细属性描述内容。

4. 产品分类属性很重要

产品可能存在众多分类的视角，每个视角都要作为独立的分类属性来处理，确保分类属性的独立和正确，不应当存在多分类视角重合的情况。

5. 产品主数据模型要避免多业务段融合

在企业价值链中，每个环节都对产品有不同的定义和要求，我们目前的做法就是结合各个业务段的需求，对每个业务段定义的产品进行建模，然后进行关联和汇总。不要试图将所有阶段的模型融合到一个大的模型体系中，这样反而会照顾不到业务需求和让产品主数据模型过度复杂。

14.2 产品主数据管理的要点

产品主数据管理的工作量要明显大于上述其他主数据管理的工作量，同时产品主数据业务属性强、关系到企业的核心业务，需要重点对待。而产品主数据管理体系的建立是企业数据化建设的一个重要组成部分。

1. 产品主数据涉及范围广、管理时间周期长

产品主数据从模型设计、管理规范到技术支撑都会涉及企业中各个主要的业务部门。这些部门有着各自的经营任务和业务视角，对产品主数据的理解也各不相同，所以产品主数据管理的调研过程会涉及广泛的业务部门。同时，一个产品从设计、生产、上市、销售，到衰退、退市等有一个相对较长的时间周期，会涉及对产品主数据的管理和操作。

2. 在生产经营过程中，产品的定义和形态不断变化

举一个例子，在一家汽车制造企业中，对于一个汽车产品，即使只修改了一个螺丝的倒角度数，这个产品也会有不同的型号标定，但是在销售部门看来，所有的营销款式都必须符合市场需求，太多

的内部型号会影响市场反馈。同样，在一个药品生产企业中，生产线上的同一种规格药品，在进行不同包装（如小包、大包）时，在物流、销售等环节都有可能被划分为不同的产品。所以在进行产品主数据模型设计时，要考虑多方面的需求，同时要保障各个视角的数据相互对应。

3. 产品主数据缺乏专业管理系统

很多企业的产品设计规划由 PLM（产品生命周期管理）系统支撑，但后续主要在 ERP 系统中维护，缺少 PLM 系统。主数据管理系统可以承载部分产品主数据管理的需求和功能，我们可以利用主数据管理系统进行产品主数据模型设计和建立管理规范与流程，如果后期管理需求和复杂度进一步增强，则需要构建专业的产品主数据管理系统。

4. 产品主数据的管理流程具有很强的行业特点和企业特点

对于产品主数据的管理流程很难描绘出一个标准版本，即使是同行业的管理流程也只具备借鉴意义，还需要根据企业的具体情况和业务现状进行适应性调整。所以制定产品主数据的管理流程时需要参考以下规则。

（1）充分调研现有产品主数据的内容，了解字段含义，了解业务背景及管理规则。

（2）找到现有管理中不符合产品主数据管理要求的内容，如数据模型理解不一致、数据属性多头维护、数据分类不清晰或不准确、数据维护标准不清晰等。

（3）基于业务管理现状，制定产品主数据管理规范。

（4）以不影响业务为前提，以满足产品主数据管理要求为目的。

（5）对产品主数据管理的成果进行充分宣传。

5. 产品主数据填报规范行业属性强、专业化程度高

通常情况下，我们需要撰写产品主数据填报规范，用以规范操作人员的信息录入。主数据填报规范应当包括以下内容。

（1）产品主数据模型整体说明。

（2）产品主数据模型字段解读。

（3）产品主数据管理规范及流程。

（4）每个字段的责任岗位、维护时间点要求。

（5）每个字段的维护依据及不同业务场景下所应录入内容的判断依据。

产品主数据填报规范制定后，应当达到以下目的：不同岗位在经过简单培训后，能够正确对产品主数据进行管理和维护，即使由同一岗位的不同员工操作，结果也不会出现不同内容。

6. 产品主数据清洗自动化程度低、人工工作量大

产品主数据的清洗工作量大，一方面是因为历史数据量巨大，另一方面是因为原始数据查找困难。所以我们在进行产品主数据清

洗时，可以适当采取相应的策略进行部分清洗，用以保证投入产出比的合理化。

14.3 产品主数据管理的组织及流程

在众多主数据中，产品主数据是成熟度最低的主数据。这里我们引入一个概要的主数据成熟度的判断模型，如下。

1. 数据定义是否清晰

走访与该数据相关的各个岗位，采访他们对该数据的描述和定义，看大家的理解和定义是否一致，也可以收集企业中关于该数据的各个数据版本，观察数据定义和数据数量，寻找差异点，差异程度和最终打分呈反比。

2. 数据管理是否规范

对与该数据相关的所有管理岗位进行全面调研，了解以下几方面的内容。

（1）是否有完善的流程和规章制度。

（2）规章制度和流程是否执行和落地。

（3）相关管理岗位是否清晰和职责明确，是否存在多头管理或无人管理的情况，管理是否及时、准确。

3. 数据技术支撑体系是否完善

该数据是否有一个或多个清晰的、权威的入口，是否可以在各个系统中共享和流转，是否有清晰的设计和已经落地。

4. 企业是否可以提供一份完整、准确、权威的主数据

企业是否可以提供一份各个业务部门公认的权威主数据，如果可以，则说明数据基础已经存在。

5. 是否有一套数据质量监控体系来保障数据完整性

是否拥有数据质量监控体系，能够发现数据质量问题，同时企业可以依靠这套监控体系进行反向数据质量问题稽查，并匹配相应的处理流程。

人员主数据和组织主数据的模型已经非常成熟，按照我们的主数据评估模型，人员主数据最为欠缺的地方可能是数据共享度。产品主数据在很多项目中，甚至连基本的数据模型的一致性都尚未达成，如我们到企业中去问“你们的产品到底是什么？”结果好几个业务部门给出的答案都不一样。笔者曾经经手过一个家具项目，生产部门说生产的产品、销售部门说销售的产品、经销商说经销商的产品、顾客说顾客的产品，这样的数据现状一定会对业务造成巨大的影响。

14.4 产品主数据管理技术解决方案

产品主数据管理技术解决方案和客户主数据管理技术解决方

案、供应商主数据管理技术解决方案有点相似。对于单体型集团型企业或强管控型集团型企业来说，有单源头管理模式，技术解决方案的架构同客商主数据；对于弱管控型集团型企业来说，有多源头管理模式，技术解决方案的架构同上，在此不再详述。重要的是需要依据企业不同板块的差异性、管控差异性等制定合理的运营模式及相应的数据标准规范等。

14.5 产品主数据清洗

针对不同行业，有的企业的产品的定义对于不同的部门可能有所不同，所以产品主数据比较特殊一些。那么在进行清洗之前，我们首先要向企业明确产品的定义与范围，确定产品主数据的模型、分类规范、编码规范、填报规范等内容，按照清洗规则及计划进行产品主数据清洗。产品主数据跟客商主数据有些相似，都对于不同管控模式的主数据有不同的清洗流程，此处不再详述。

14.6 产品主数据管理FAQ

（1）对于软件公司的产品应当如何定义和计量?

回答：一般来讲，对于软件企业，首先有产品线，产品线中有产品，产品下面又分产品版本，版本下面又分模块，每一级都必须非常清晰地界定出来，并且各级之间的关联关系要维护好。而在用户购买层面，基本上要到模块这一级别，而且模块之间还有一定的关联关系甚至依赖关系。

包括前面提到的家具行业，它根据自己的产品特色，划分出来的组合非常多；还有农业的种业，种子的种类非常多，包装也会分大包、小包，甚至还涉及哪些种子需要包衣。所以，产品主数据还是要深入行业，这样才能看到这个行业的特点。

（2）对于陌生行业如何进行产品主数据模型设计？

回答：这个问题与主数据实施团队的能力模型相关。如果有现有的行业经验可以参照，那么我们一定会选择有经验的团队；如果没有可借鉴的经验，那么只能依赖主数据实施团队的能力。也就是说，怎么样才能让客户选你？怎么样才能证明你的团队是值得信赖的团队？或者说怎么样才能帮助企业挑选一个它认为是最合适的团队来为它做出服务？我们在这里引入一个主数据实施团队的能力模型，如下。

① 业务理解能力。

拥有多个行业的业务经验及积累，同时能够快速理解不同行业的业务基础情况，能够在业务调研时迅速找到业务关键点，对当前的业务痛点有良好的理解和解读。

② 设计主数据模型的能力。

能够根据业务情况、当前的数据情况，以及主数据管理的需求进行产品主数据模型的构建。

③ 主数据管理组织与流程的梳理及设计能力。

能够根据主数据管理的目标和需求进行主数据管理组织与流程的设计，并且能够保证设计成果的科学性与可行性，能够在企业的现状下做出最优选择。

④ 产品能力与技术能力。

能够使用主流主数据管理软件将设计成果落地，并配置相关的管理体系与流程，能够制订有针对性的数据流转方案和系统间的应用集成方案。

⑤ 项目管理与组织能力。

对主数据管理项目有丰富的实施经验，有成熟的实施方法论体系，能够准确评估工作量，并识别项目中的难点和关键问题，能够及时处理核心关键点。

当然，一个基本的共识就是，当一个团队的综合能力特别强时，如该团队特别了解这个行业，而且拥有成熟的业务模型，那说服力无疑是最高的。但如果这个行业里大家都没有特别好的成功案例，现在有两个团队可供选择：一个团队有着成熟的实施方法论体系，业务、技术能力也特别强，但行业经验不足；另一个团队在行业内有经验，但实施方法论体系和业务、技术能力相对较弱，笔者建议选第一个团队。

（4）产品主数据项目的复杂度这么高，我们做的时候如何控制风险和边界？尤其是要企业配合做的业务调整和转变，企业能做到什么程度，并不完全是由我们来确定的，这个风险要如何处理？

回答：主数据项目的目的、成果、价值是相对确定的，同时对企业提出的要求也是相对明确的，企业如果做不到，那么最终的成果也会打折扣。我们会向企业提要求。如果企业的条件不完备，如它能投入的人工和资金量有限，我们会在设计的过程中考虑先做一个简版作为入门，然后逐步迭代，从而达到最终目的。

（5）其他主数据也有对过程要求这么深入的吗？如人力资源主数据对过程的要求并不高。

回答：有的，对于“主数据的五加四”，前“五”个都是相对好解决的、具有通用性的主数据，如人员、账户、组织等。而后“四”个基本上都是相对较难或管理成熟度低的主数据。从本章的产品主数据到资产、物料、项目等主数据，对于不同类型的行业和企业来说，每一个主数据都可能成为它最关注的业务核心主体。比如，生产制造、流通领域最关心的是产品；重资产企业最关心的是资产，因为它所有的钱都押在资产上，所有的活动都在围绕资产展开，营收也依靠资产，所以资产就是它的核心；而对于有关房地产、建筑、道路等的企业，项目管理关心的就是其核心，它们的所有活动都是围绕着项目进行的；还有物料，如能源化工企业，它的经营活动就体现在物料上，包括物料的价格波动、物料的管理，另外，它的备品备件也是它的核心，但备品备件也可以在广义上算在物料的范畴里。这些数据厘清了，企业的整体管理效率便会有所提升。

（6）集团型企业如何把控产品主数据管理颗粒度？有什么特点

和难点？

回答：

① 在一个单体型企业中，管理颗粒度可能很细，如产品和商品的颗粒度是等同的。但集团型企业可能会选择一个它相对认可的颗粒度去管理。比如，集团下属企业做主数据，产品数量有 1000 个，因为生产需要所以企业管得很细。但集团按它的标准收上来以后只有 500 个，管得就相对“粗”。因为集团总部的数据统计做得多，目的是了解整体的生产和经营状况，而集团总部并不参与产品的直接管理。

② 对于多业态、多板块的集团型企业，就要分板块进行管理。比如，做衣服的是一类产品、做食品的是另一类产品，它们没办法统一进行管理。甚至是不同行业之间的物料，在 A 板块的产品会变成 B 板块的原料，所以是没办法进行统一管理的，只能是各管各的，这样比较清楚。

③ 集团型企业的主数据管理可以考虑分层管理，最理想的状态就是，下面的企业管得相对“细”，按照业务需求管，上面的企业管得相对“粗”，按照管理需求管。一个集团型企业的主数据管理想做好可以说是一件工作量非常大的事情。

④ 主数据管理产品可以适当考虑云化和 SaaS（软件即服务）化，这样整个集团型企业就可以只使用一套 SaaS 化的主数据管理产品进集团采购及让所有单位共享数据。这样不但节约成本，更有利于数据的互通和工作上的协作。

15 项目主数据管理

15.1 项目主数据的定义及模型

项目是指在一定的约束条件下（主要是限定时间、限定资源），具有明确目标的一次性任务。我们对项目管理的研究已经相对深入和成熟，同时关于项目的管理方法、管理系统也相对成熟。项目主数据是以项目为运营模式的企业最关注的内容。

项目管理作为专业学科已经相对成熟和普及，但是在不同的以项目为核心的企业中，由于其各自所处的行业不同，项目主数据模型的差异也非常大。我们以地产企业项目主数据管理为例进行说明。

某地产企业项目主数据模型（示例）如表 15-1 所示。

表 15-1

序号	实体字段	字段类型	属性性质	填写方式	数据说明	备注
1	项目编码	字符型	必填	手工填写	系统唯一标示，规则后续需要统一进行管理	根据编码规则生成
2	所属公司	参照型	必填	档案选择	注册公司名称，需要取得对应的公司名称进行选择	公司目录选择

续表

序号	实体字段	字段类型	属性性质	填写方式	数据说明	备注
3	投资公司名称	字符型	重要	手工填写	投资该项目的公司名称	公司目录选择，是否在财务架构里面
4	项目名称	字符型	必填	手工填写	项目名称标示，规则后续需要统一进行管理	根据命名规则手工填写
5	区域	下拉	必填	档案选择	项目所在区域范围	手工填写
6	省份	下拉	重要	档案选择	项目所在省份	省份目录选择
7	城市	下拉	重要	档案选择	项目所在城市	城市目录选择
8	项目地址	字符型	重要	手工填写	项目具体地址	手工填写
9	项目状态	字符型	重要	档案选择	分别为筹备、在建、完工	筹备 / 在建 / 完工
10	已获取土地面积	数值型	重要	手工填写	该项目目前已获取的土地面积	
12	已经获取的土地编号	字符型	重要	档案选择	参考该区域下已获取的土地信息	状态为已获取的土地才能被参照选择
13	待获取土地面积	数值型	重要	手工填写	该项目目前待获取的土地面积	
14	自定义项					

软件服务类企业项目主数据模型（示例）如表 15-2 所示。

表 15-2

序号	属性名称	英文名称	字段类型	数据字典	备注
1	项目主数据 ID	mdmCode	字符型		系统自动生成的全局唯一流水码
2	项目编号	code	字符型		以科研项目管理系统为准
3	项目名称	name	字符型		
4	项目金额	amount	字符型		
5	项目开始时间	starDate	日期型		
6	项目结束时间	endDate	日期型		
7	所属部门	affiliateddept	参照型		部门档案
8	项目类别（承担部门数量）	projecttypedeptnumber	参照型	A 类、B 类	
9	项目类别（重要程度）	project	参照型	重点、一般	项目管理部门业务主管审批项目启动单时填写
10	项目类别（管理流程）	projectType	参照型	定制项目、委外项目、自研和能力项目、后续项目	项目管理部门业务主管审批项目启动单时填写
11	项目创建日期	creatdate	日期型		默认当天日期
12	经办人	opeator	参照型		默认为项目创建人员
13	备注	memo	字符型		

如同产品主数据，每个行业甚至每个企业都无法找到一个绝对公允的项目主数据模型，且不同行业或企业间的项目主数据模型甚至会有非常大的差别，但是这类主数据在建模过程中都具有以下特点。

（1）贯穿企业中的业务核心部门。

（2）数据属性丰富。

（3）数据管理过程伴随一个相对较长的周期，需要关注全生命周期的管理。

（4）各个业务部门由于只服务于其中的一个阶段，会出现视角及颗粒度问题。

15.2 项目主数据管理的要点

（1）不同行业中对项目主数据的定义有较大的差别。

（2）不同业务环节中项目主数据的定义存在一定变化。

在地产行业中，一块地皮会经历拿地、设计、建造、营销、销售、服务、物业等多个业务环节。在这些业务环节中，每个环节都有不同的业务关注点，同时在每个业务环节中，由于各自的业务诉求不同，也或多或少地围绕着地皮和项目有一些度量上的出入。我们在进行地产项目主数据模型设计的过程中，需要重点关注这些细节的变化。

（3）关注项目主数据中属性字段的定义。

在地产项目主数据中，各个业务环节中的同名称属性很可能具有不同的含义，我们应当注意这些含义的变化，尤其是当含义明显不同时，应当对属性进行全局命名，以区别变化。讲一个真实的案例，一个房地产企业拿了一块地皮，下属给老总报了一个最终的预期利润，比如 4 亿元的利润，最后项目结束去核算利润时，结果利润为 3.6 亿元，老总就直接问这 4000 万元的利润去哪儿了？这个下属就特别不好回答这个问题，因为大家的工作都非常辛苦，而且他们是优秀团队，用了很多的心血去做，为什么会亏了呢？然后他去查数据，发现问题出在“面积”上。有地产经验的人肯定知道，大家最关心的就是存货、存量。开始的时候都是概算面积，但期间具体的面积值变了很多次，拿地的时候是一个数，设计的时候是一个数，交出去盖的时候是一个数，验收甚至到售卖的时候又是一个数，这几条数据存在偏差。从最初的拿地到最后的验收，其实面积缩小了，而且如果按照最终的面积去计算利润，则会发现可能还达不到最终的 3.6 亿元的利润，反而是由于这个团队的共同努力把利润挽回了一些。这其实是一个应该得到表扬的团队。

（4）关注项目主数据管理与项目管理及统计分析工作的边界。

项目主数据管理有自己的管理目的、规范和流程，解决的主要问题也是数据一致性、数据权威性等问题。而项目管理中存在各种各样的管理难点和管理诉求，很多问题点还需要依靠 IT 系统和 DT 技术（数据处理技术）来解决。比如，业务的在线化需要 IT 系统的支撑，关于项目的各种数据收集和内容统计需要 DT 技术的支撑。项目主数据实施团队的顾问应当清晰地界定工作边界，在保证业务价值产生的同时不做跨边界操作。

（5）数据管理组织。

项目主数据的很多属性会分配给各个业务环节中的各个岗位进行管理，同时有一些贯穿业务始终的公共属性需要协同统一管理。由于企业中的项目主数据的数量并不是一个大数据量的集合，通常我们设定虚拟的数据管理组织来对这些公共数据进行管理。

（6）数据管理周期。

项目主数据的数据管理周期，以项目本身的生命周期为依据，所以项目主数据的数据管理周期可能会跨越一个相对较长的时间。

15.3 项目主数据管理的组织及流程

依据不同的行业及需求，项目主数据的管理组织也有多种情况，有些行业，如能源行业，由不同的部门分别管理项目不同阶段的主数据，如市场开发、工程建设、生产运维等阶段的主数据；而有些行业，只由一个部门负责管理项目主数据。不管是多部门协同管理还是单部门管理，都需要明确项目主数据的相关责任部门与岗位职责，以及相应的项目主数据管理流程。图 15-1 所示为某行业项目主数据新增流程示意图。

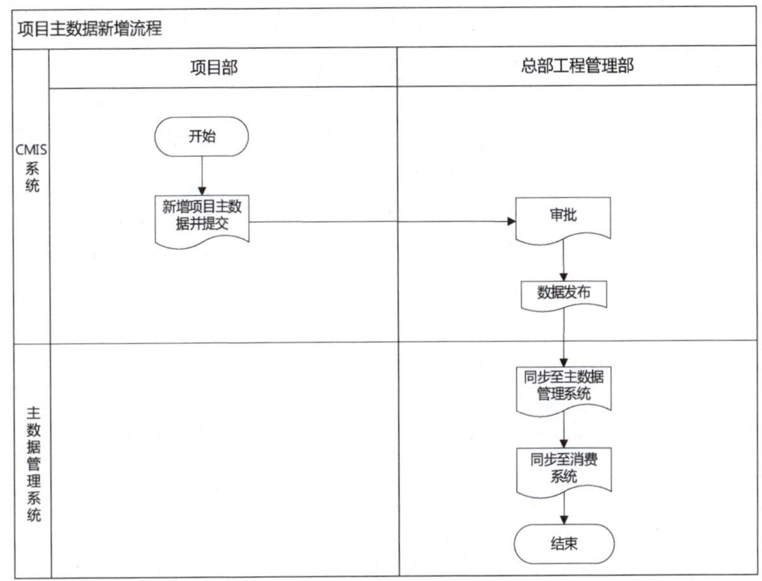

图 15-1

项目主数据管理的其他场景同上，也需要形成规范并要求职责部门执行。

15.4 项目主数据管理技术解决方案

项目主数据的管理通常由一个专业的 IT 系统进行支撑，通常为项目管理系统。项目管理系统提供项目台账管理、项目信息维护，以及项目进度、项目内容等多方面的综合管理。所以我们在制订项目主数据管理技术解决方案时，需要重点关注以下几点。

（1）建议以项目管理系统为项目主数据的核心管理系统。

（2）如果项目管理系统当前的内容不能满足项目主数据的管理要求，则尽量在该系统中进行改造和适配。

（3）以项目管理系统为核心承载项目主数据管理的管理要求和规范以及流程。

（4）可以由项目管理系统或主数据管理系统提供、发布项目主数据相关服务，支撑项目主数据在企业 IT 体系的流转。

（5）关于项目的分析、画像等数据化工作可以交由数据类系统进行分析和处理。

15.5 项目主数据清洗

项目主数据同产品主数据，针对不同行业，有的企业的项目的定义对于不同部门可能不一样，那么在清洗之前，我们首先要向企业明确项目的定义与范围，确定项目主数据的模型、分类规范、编码规范、填报规范等内容，按照清洗规则及计划进行项目主数据清洗。项目主数据清洗和产品主数据清洗有些相似，对于不同管控模式的项目主数据采用的清洗流程也不同。项目主数据清洗工作有以下关注要点。

（1）数据清洗范围可以以在建项目为起点，且所有后续项目都应纳入项目主数据管理范畴。另外，适当考虑历史项目主数据的清洗，平衡投入产出比。

（2）项目主数据清洗涉及的业务部门和管理部门较多，如销售、售前、交付、运维、人力、财务等，应当根据项目主数据管理规范组织相关部门人员进行数据清洗和维护。

（3）适当采用数据清洗工具，提高数据清洗的效率，辅助团队进行数据内容判断。

15.6 项目主数据管理FAQ

（1）哪些行业进行项目主数据管理的收益最大？

回答：以项目为管理核心的行业很多，如地产、建筑、企业信息化服务、咨询、律师事务所等。在这些行业中，项目都是业务核心。

（2）进行项目主数据清洗时，是否需要清洗历史项目主数据？

回答：通常情况下，我们会要求企业对全量历史数据进行清洗，便于整理一份准确、完整、权威的主数据，供企业全局共享。但有些企业在数据量与清洗工作量较大的情况下，就会考虑是否需要清洗全部历史数据。这需要依据企业的需求而定。对于有些企业来说，近三年或五年等一定期限内的项目主数据，企业不再与对应客户发生业务往来，或者是一些死数据，不会对企业产生任何价值或不再使用，则不需要进行清洗。在这种情况下，可以对这些数据进行归档封存处理，以便查找与追溯。

（3）如何让企业内所有部门认可项目主数据的定义？

回答：在不同的行业中，对于企业而言，部门之间对项目的定义有可能是不一致的，在这种情况下，我们首先要了解清楚企业的业务及其价值链，以及各部门之间对项目的定义是什么样的，再去判断大家所说的是相同定义还是不同定义的项目。如果是相同定义的项目，只是各部门之间的叫法不一致，那么我们需要明确项目定义、统一名称；如果是不同定义的项目，那么我们需要明确不同项目的定义及其名称，并且在企业全局范围内规范大家对项目的认知及叫法。

（4）如何进行项目主数据的跨部门统一管理？

回答：在企业中，首先我们要明确项目的定义与范围，调研并梳理清楚企业对项目主数据的管理现状，然后结合需求及业务场景确定项目主数据的管理组织及其岗位职责，确定项目主数据的管理流程及规范，明确数据流向，实现在企业全局内的数据共享。

（5）主数据管理系统是否支持项目相关的交易数据收集和其他统计分析？

回答：从系统层面讲，每个系统都有不同的功能。对于主数据管理系统来说，它只负责全局范围内各消费系统共享的主数据的管理过程，围绕建模、采集、维护、分发等环节进行；而对于交易数据收集和统计分析数据来说，有专门的系统负责，不在主数据管理系统范畴之内。企业如果需要或坚持在主数据管理系统中进行数据收集和统计分析，从技术层上来讲是可以实现的，但是不建议这样做，因为系统需要进行改造及大量的开发工作，会造成项目进度、质量、范围等不可控，风险太大。

资产主数据管理

对于一些重资产的企业，资产主数据管理是核心的业务内容之一。资产主数据管理可以清晰地定义资产，为厘清企业资产、进行全方面资产管理奠定基础。对于重资产的企业来说，企业的经营活动都是围绕着资产展开的，资产的拥有量和资产管理利用能力成为企业的核心竞争力。

16.1 资产主数据的定义及模型

16.1.1 资产的定义

资产是指由企业过去经营交易或各项事项形成的，由企业拥有或控制的，预期会给企业带来经济利益的资源。在企业内部各条业务线围绕资产的管理视角和管理内容的不同，可能会导致人们对资产的定义不同。又由于资产本身在物理上可能是一个相对复杂的BOM结构，导致了更加复杂的设定和管理工作。

我们常见的资产管理视角包括以下两种。

1. 财务资产

从财务视角看待的资产，通常以项目转结资产或一次性购买的实物为主进行资产管理，关注的是费用的支出、资产的减值等内容。

2. 实物资产

从实物角度看待的资产，通常以资产管理、运维、保养、维修为视角和目的，关注资产的实物视角和属性。

在资产主数据管理中，我们更关注的是一个定义的整体连续性和不同视角间的映射关系。如果是一对一的关系，则说明在业务环节中不存在不同视角的问题。如果是一对多或多对一的关系，则说明在管理过程中存在颗粒度问题。如果完全不能对应，我们则希望找到双方视角中的一些公共细层次的颗粒度，这样才能找到两个视角的底层对应关联。如果不能找到，则说明这有可能不是一个紧密关联的事物。

16.1.2 资产主数据模型示例

因为资产主数据的行业特征非常明显，不同项目的主数据模型的区别非常大，所以这里仅以某项目的主数据模型为参考。而且资产主数据模型在不同行业中不具备通用性，此处需要特别注意。

资产主数据模型示例如表 16-1 所示。

表 16-1

序号	属性名称	英文名称	字段类型	数据字典	备注
1	资产主数据 ID	mdmCode	字符型		系统依据规则自动生成的全局编码
2	资产编码	code	字符型		必填，依据编码规则进行填写

续表

序号	属性名称	英文名称	字段类型	数据字典	备注
3	资产名称	name	字符型		必填，填写资产的全称
4	简称	shortName	字符型		非必填，填写资产的通用简称
5	资产类型	assetType	参照型	工具类、办公设备类	必填
6	资产所属组织	organization	参照型		对应组织主数据档案
7	资产所属部门	depart	参照型		对应部门主数据档案
8	资产负责人	owner	参照型		对应人员主数据档案
9	是否新采购资产	isnew	布尔型		
10	资产折旧年限	depreciationyears	字符型		
11	描述	description	字符型		

16.2 资产主数据管理的要点

线性资产是指在物理形态上成线状或网状、覆盖面较广的资产。通常这样的资产管理难度更大，管理视角更复杂。资产主数据的行业特征非常明显，下面笔者会结合电网、水务、燃气、路桥等线性资产的特征总结出资产主数据管理的要点。

1. 项目转资产

很多线性资产的初始形态即项目。比如，一段长达 20 千米的管线，或者一段长达 10 千米的道路，或者一座桥梁，这些资产都是以项目标段的形式进行建设的，在项目完成后，转为企业资产。在此种情况下，我们可以建立项目到资产的关联映射关系，以便于以后的整体业务关联和分析。

2. 财务资产和实物资产相对应

由项目转来的资产普遍是财务资产，并且同一个项目在财务口和业务口都会有所展现。但业务口和财务口管理的颗粒度又有所不同，这就可能导致在项目转资产完成之后，财务口径和业务口径不对应的问题。

比如，我们修建了一条 20 千米长的输水管线，从财务资产的角度讲，其应作为财务资产处理，根据行业惯例设定固定资产折旧期限，然后每年做资产减值的计提，并在下一年做折旧处理。可是从实物资产的角度来说，应在较细的颗粒度上进行资产设置，从而方便进行资产的管理、维护等。那么显然 20 千米长的输水管线是不便于保修和维护的，实物资产需要在更细的颗粒度上进行资产划分，当需要进行保修、维护时，能够精准、快速地定位到具体地点从而展开工作。

我们所面临的问题，并不是企业中没有实物资产的划分办法，恰恰相反，大多数企业都可以通过一些标准来进行实物资产的划分。我们希望关注的是这套划分方法的科学性、合理性、易用性的提升空间，同时我们希望财务资产和实物资产能够良好对应，而且实物资产能够在财务资产的基础上进行划分。

所以，我们在进行资产主数据管理时，不但要管理财务资产，还要管理实物资产，并且让它们能够对应。

3. 实物资产的划分方法

笔者认为实物资产的划分没有确切的标准，只要按照一个规则划分清楚就可以了，如 200 个段组成了 20 千米长的管线，同时能和财务资产对应，基本就达到了管理目的。所以说适当的颗粒度并没有具体的标准，只要达到基本的管理目的就可以了。

16.3 资产主数据管理的组织及流程

针对不同行业或不同规模的集团型企业，资产主数据可能由集团统一管控，也可能以层层上报的形式来进行管理。不管是何种管理模式，企业都需要明确主数据标准规范、相关责任部门及其岗位职责、维护流程等。下面是某企业资产主数据新增流程，如图 16-1 所示。

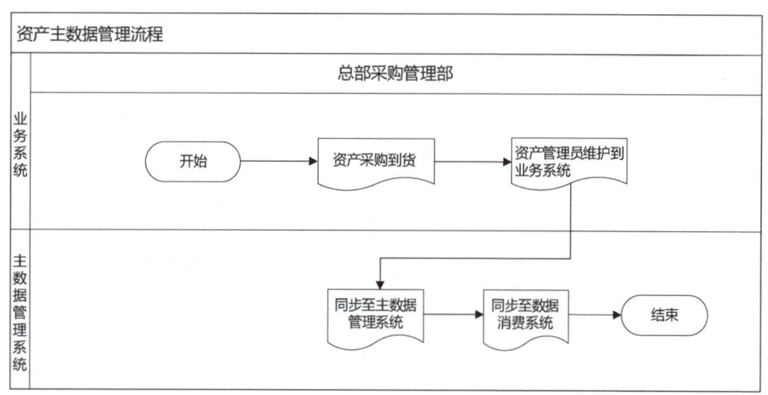

图 16-1

资产主数据的管理组织与流程要点如下。

（1）在集团型企业中，资产主数据的管理权限可以下放到生产经营单位，集团可以主导或参与标准的制定。

（2）与资产主数据属性相关的管理岗位应当包含在管理组织与流程中，并以主数据管理视角对当前的管理职责和流程进行再次规范。

（3）可以由前项数据驱动资产主数据的生成。

资产主数据管理的其他场景同上，也需要形成规范并要求职责部门执行。

16.4 资产主数据管理技术解决方案

我们期望使用统一的应用系统进行资产主数据管理，如果财务系统、业务系统中的资产管理模块不能够完全满足资产主数据管理要求，那么我们可以先在主数据管理系统中承载资产主数据的所有管理流程和规范，然后由资产主数据管理模块将数据同步到各个系统中。

下面是业务系统承载资产主数据管理要求的集成方案，数据流向如图 16-2 所示。

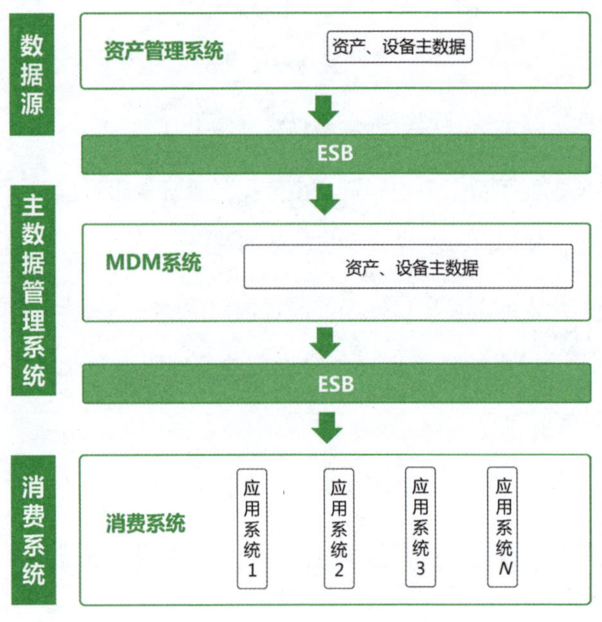

图 16-2

另外一种方案是主数据管理系统承载资产主数据管理要求的集成方案，数据流向如图 16-3 所示。

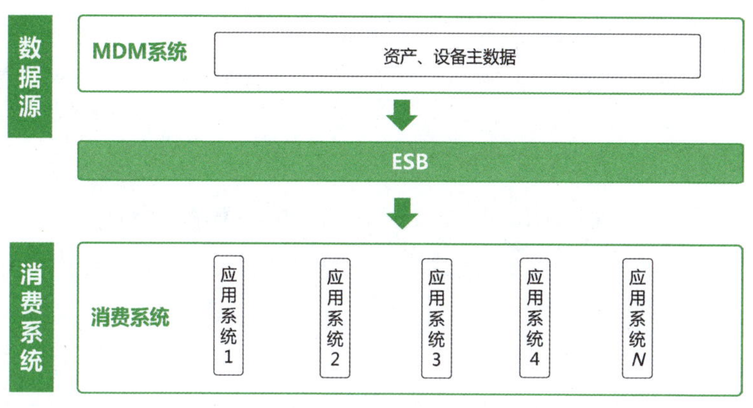

图 16-3

16.5 资产主数据清洗

资产主数据应当进行全面清洗，对当前资产进行完整的盘点，并对缺失数据进行补充和维护。我们应当组织对应的资产主数据管理部门，对目前现有的资产进行统一的盘点和数据维护与补录工作。

1. 按照当前的资产主数据模型对原有实体和数据的清晰划分工作

以线性资产为例，原有的资产数据模型在进行主数据模型建设后，可能颗粒度变细了，同时支撑多个业务管理视角。那么原有数据需要归集到各个视角或模型下。

2. 资产主数据与实物的对应工作

在可能的情况下，我们希望再次检查资产主数据与实物的对应关系，但这是一个费时费力的工作，并且应当在管理过程中持之以恒，且这项工作在主数据清洗工作中并不是一个必选项，除非我们在资产数据与实物对应上发现了问题，并且项目有足够的预算。

3. 资产主数据的内容补录工作

依据资产主数据模型设计，对现有数据中的缺失项进行内容补录工作。

4. 数据清洗和数据管理的无缝衔接工作

数据清洗工作完成之时，应当是资产数据管理工作全面启动之时，这样两种工作就可以无缝衔接，从而保证数据管理不存在“天窗”期。

16.6 资产主数据管理FAQ

（1）在资产维修、维护过程中，零部件更换了，新旧资产如何处理?

回答：对于大型资产而言，维修和保养都是必要程序，如果是耗材维修，则财务处理上可以直接计入费用。如果是核心高价值部件，同时该部件也已经纳入资产管理，则原有设备做减值处理，核心部件也可以作为单独资产维护。

（2）线性资产的拆分原则是什么？

回答：线性资产没有标准的拆分规则，每个行业和企业可以依据各自的管理特点进行制定，可以参考以下几个基本原则。

① 满足业务视角，主要是满足维修养护部门的需求，便于定位和维护。

② 易划分，有标准，易操作。比如，按照节点、尺度等。

③ 稳定、不易变化。

（3）围绕资产的相关活动是否属于资产主数据的管理范畴？

回答：围绕资产的相关活动，不应当纳入资产主数据的管理范畴。比如，关于资产的维修和维护数据属于交易数据，因为这些工作直接涉及物料，也涉及财务统计。关于资产的巡检等活动数据属于行为数据，在需要时同样可以转化为数据资产。

17 物料主数据管理

17.1 物料主数据的定义及模型

物料是指生产过程中的原料、辅料，以及设备维护和保养所需的备品备件及其他相关物品。物料也有广义或狭义的定义，这取决于企业中原有的定义，以及与其他主数据的定义的边界和关系。比如，我们希望企业中的所有实物都可以被产品、资产、物料所覆盖，那么就需要根据产品和资产的定义来适当调整物料的定义，避免出现某些实物谁也不管理的局面。

物料主数据是一种类型主数据，也就是说，物料是一种类型，是存在颗粒度划分的。我们可以在企业中定义一种类型，然后把所有物料都归入这一个类型中，也可以把物料划分为 10 万个种类，然后把每种物料的实物归集到各细分的种类中。

通常我们采用多级树形结构对物料进行种类划分。

某材料的分类如表 17-1 所示。

表 17-1

分类编码	分类名称
01	纺织服装
02	医药及器械
03	苗木绿化料
04	机械设备
05	五金备件

续表

分类编码	分类名称
06	电器仪表
07	建材装修
08	信息耗材
09	化工料能源
10	办公劳保

物料主数据在进行模型定义时需要关注各个层级类别的划分，尽量遵守类别划分的统一原则（一种视角，全覆盖，不交叉），尤其是在不同层级之间，应尽量不要转换视角。然而，即使我们尽量遵守分类原则，也难以避免物料划分的重复性，因为物料实在太多了。所以，我们还需要编制相应的填报规范，对实物归类进行具体的指导，这样才能够避免使用过程中的问题。同时，当一种物品符合两种或两种以上的分类时，也可以依照该物品的使用用途或目的进行划分，或者做替代品选项。

17.2 物料主数据管理的要点

物料主数据是多层级的类型主数据，所以在进行物料分类设计的过程中要注意类型划分的方法和原则。物料主数据设计需要业务专家的深度参与，在结合方法论原则的前提下，借助专家的行业知识和业务知识进行设计。

通常物料主数据的末级分类需要进行详细的字段定义，尤其需要关注唯一性字段。唯一性字段决定了最终分类数据的多少，这也是业务部门使用该种物料的需求性体现。

物料管理及物料管理权限在企业中是一个重要且敏感的话题。很多企业的物料主数据管理其实隐含了物料管理权限调整或集中管控的管理意图。在企业内部管理的博弈中，企业一定要做好预期——到底要不要管、要管的话管到什么程度，以及做此决策需要配合什么样的辅助手段。只有企业下定决心去做，并配合以合理的辅助手段，才能见效。我们主张物料主数据管理要适当集权甚至绝对集权，将编码的权利上收，或者将审核的权利上收。

物料主数据管理的要点总结如下。

（1）需要组建专家队伍，形成一个物料编码的实体组织。我们建议这个专家队伍以业务专家为主、数据专家为辅，并将 IT 团队作为技术支撑。这个团队的主要工作包括制定分类和编码规范及技术标准，高效地编码、审核和维护，以及对物料业务问题的统计和管理。

（2）需要支持树形结构的物料分类，每种分类需要支持多种可以设定的唯一性属性和多种非唯一性属性设置。

（3）支持物料主数据的复杂清洗功能，支持多套物料主数据的数据映射功能。

17.3 物料主数据管理的组织及流程

物料主数据管理需要依据不同行业或不同规模企业进行分别探讨。对于某些行业或单体型企业来说，物料主数据可能是由集团的采购部或维修部或其他部门等负责管理的；但对于多业态的集团型企业来说，物料主数据的管理权限可能会下放到各下属单位，也可能会依据不同的物料进行分类，分别由集团的不同部门进行管理，因企业而异。不管采用何种方式进行物料主数据管理，都需要明确相关责任部门及其岗位职责、维护流程等，图 17-1 所示为物料主数据新增流程示意图。

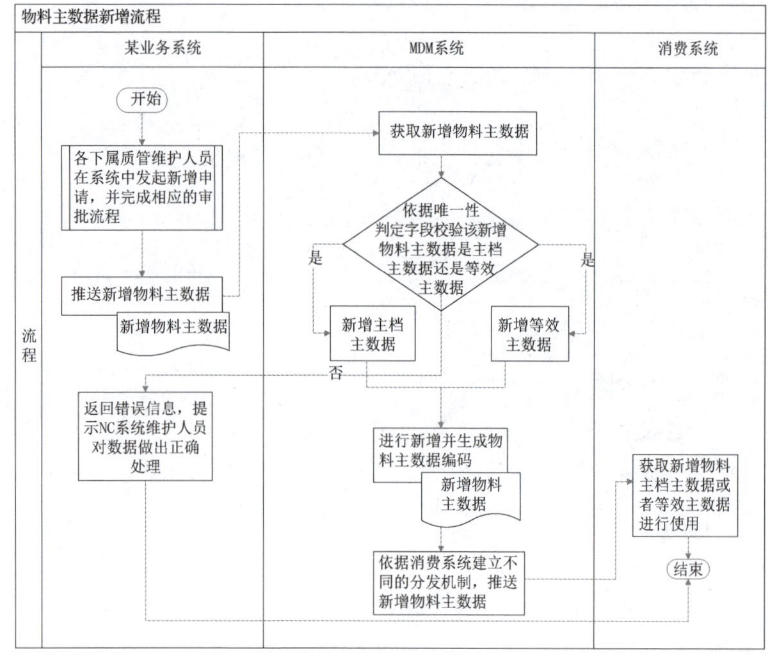

图 17-1

物料主数据的其他管理流程同上，也需要形成规范并要求各职责部门执行。

17.4 物料主数据管理技术解决方案

建议建设物料主数据管理系统用以支撑物料主数据管理。很多业务系统，乃至一些主流 ERP 系统都不能够完全满足物料主数据的管理需求。这些业务系统的管理视角与物料主数据管理系统的管理视角并不相同，它们大多只关注是否可以将数据制作出来，而对于数据分类的多种属性，甚至唯一性属性并不关心。所以，当难以找到一个核心的权威系统进行物料数据管理时，我们可以考虑构建一个专业的物料主数据管理系统。物料主数据管理系统应当具备以下管理功能。

（1）物料的多级分类管理。

（2）物料分类中的唯一性属性管理。

（3）物料分类中不同属性的自由定义管理。

（4）物料中存在的可替代品类管理。

（5）支持集团中多组织的数据管理能力。

物料主数据的主流技术方案有以下三种。

1. 单体型企业的集中式管理

利用主数据管理系统管理企业中的物料主数据，同时将管理的物料主数据分发到各个应用系统中。

2. 集团型企业的集中式管理

将各个分子公司的物料主数据收归集团，由集团进行统一管理，当下属企业需要使用新的物料主数据时，统一向集团对应管理部门提出申请，由集团业务专家团队进行数据编制，然后将数据下发，下属企业使用集团创建的数据。物料主数据同样通过物料主数据管理系统向其他系统进行数据分发。

3. 集团型企业的分层管理

集团建立物料主数据管理体系，但是每个下属分子公司依据企业自身的情况独立管理数据，集团将各个版本的物料主数据统一汇聚，并且与集团的物料主数据进行映射。通常这种管理模式只能支撑集团层面的物料主数据的概要分析。

17.5 物料主数据清洗

物料主数据对于企业来说一般是数据量较大的主数据，清洗工作量较大，清洗周期较长。考虑到物料主数据清洗涉及面广、准备的工作量大，清洗策略一般采取统一规划、统一组织、分步收集与清理、渐进明细、逐步优化与改进的方式推进。物料主数据清洗流程示意图如图 17-2 所示。

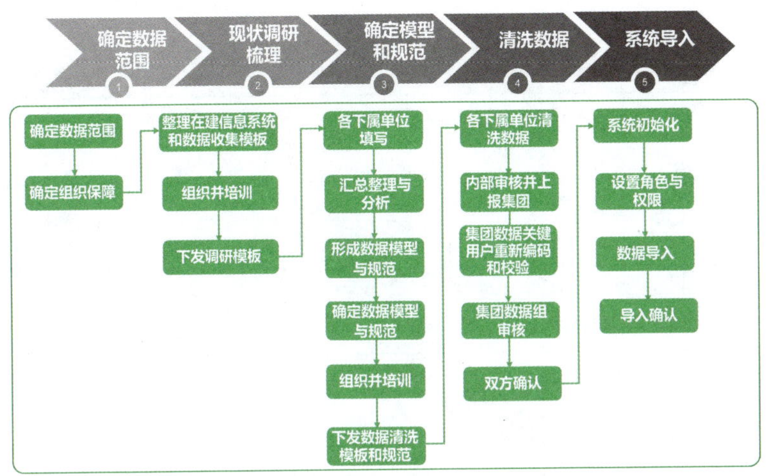

图 17-2

为了保障物料主数据清洗工作有序推进，需要制订物料主数据清洗计划并成立物料主数据清洗组织，明确物料主数据清洗规则，确定物料主数据的模型、编码规范、填报规范、清洗模板，只有依据确定的模型、规范及模板，各单位才能根据清洗计划开展物料主数据清洗工作。物料主数据清洗计划主要包括清洗步骤、关键工作项、责任人、计划开始日期、计划完成日期、成果物等，示例内容如表 17-2 所示。

表 17-2

步骤	关键工作项	责任人	计划开始日期	计划完成日期	成果物
1	编制清洗模板	乙方数据组			《清洗模板》
2	确认清洗模板	集团数据组			《清洗模板》

续表

步骤	关键工作项	责任人	计划开始日期	计划完成日期	成果物
3	清洗模板培训材料准备	乙方数据组			《培训材料》
4	确认清洗模板培训材料	集团数据组			《培训材料》
5	下发清洗模板及培训材料	甲方数据组			《清洗模板》《培训材料》
6	逐级组织清洗模板及方法培训	甲方数据组			
7	各单位进行第一轮数据收集和清洗	各单位数据组			
8	各单位提交第一轮清洗数据到集团	各单位数据组			《清洗完成的数据》
9	检查各单位提交的清洗数据	集团关键用户			
10	提交检查通过的各单位清洗数据给集团数据组	集团关键用户			《清洗确认的数据》
11	接收清洗数据并提交用友数据组	集团数据组			
12	复查清洗数据并协助导入数据	乙方数据组			《导入数据》

续表

步骤	关键工作项	责任人	计划开始日期	计划完成日期	成果物
13	重复步骤7~12，完成第二轮增量数据清洗、检查、确认及导入	参照步骤 7~12			

物料主数据清洗与其他主数据清洗有很大的不同。物料主数据的清洗往往会直接影响库存，对于大量的、海量的库存，如果随意改变分类方法和标准，这样引起的库存盘点工作量将是巨大的。所以我们可以采取一种绥靖策略，对新采购物料采用标准规范；对已有库存物料尽量沿用；对必须更改的物料，待物料消耗完后，进行封存，以保证物料分类对业务造成的影响尽量小。

17.6 物料主数据管理FAQ

（1）进行物料主数据管理时，下属企业的业务人员不配合，胡乱填写怎么办?

回答：下属企业的业务人员填写的物料主数据存在质量问题有多种原因，应当针对不同原因进行针对性处理。我们罗列一些常见原因，如下。

① 对模型不理解，填写错误。在此种情况下，我们应当加强培训宣贯工作，制作数据填报手册，便于业务人员填报和操作。

② 责任心不强，胡乱填写。在此种情况下，我们应当设定数据填报考核机制，对于填写错误的情况进行处理。

③ 出于某种业务诉求有意写错。在此种情况下，我们应当加强管理，甚至可以将数据管理权限上收，从根本上杜绝此种情况的发生。

（2）一种物料符合两种物料分类，应如何处理？

回答：科学的物料分类方案应最大限度地杜绝此种情况的发生。但是由于物料分类过程中融合了多种视角，如管理视角、使用视角、材质视角等，则很可能存在上述情况。我们可以通过设定可替换物料选项，或者根据具体的应用场景进行选择性分类。

（3）当前物料盘点困难，有什么好方法可以解决？

回答：我们进行物料主数据分类时，尽量要考虑对当前物料分类体系的冲击，如果必须调整，则应制订过渡方案。新采购的物料，进入新物料分类体系；旧物料体系，待自然消耗后，进行封存。同时，尽量做好新旧分类体系的对照工作，这样有利于统计信息的相对连贯。

（4）物料主数据管理的业务价值有哪些？

回答：物料主数据管理将极大地提升企业物料数据管理的质量，同时为企业管理好物料奠定基础。只有在科学规范的物料主数据管理体系下，我们才能够对企业中的各种物料的整体数量、消耗情况有清晰的掌握，进而进行科学分析、调整和优化。

（5）物料主数据编码是否有通用标准？是不是制定了物料主数据编码规范就万事大吉了？

回答：目前存在很多物料分类的编码体系，但并没有一套十分权威或被广泛接受的编码体系。因为物料编码体系的业务属性较强，每个企业在进行业务运营的过程中都有自己的主观需求，甚至在企业的不同阶段，这些管理诉求也呈现出不同的强度。所以我们只能依照物料主数据编码原则进行定制化设计，同时需要不断进行调整和维护，让编码体系符合企业当前的使用需求。

产品篇

18 主数据管理系统

18.1 主数据模型

主数据管理系统提供主数据的分类、分层级管理，形成企业的主数据目录树，建立主数据管理体系，供数据分类创建、统计分析使用。

规划、创建主数据模型的过程，是梳理主数据管理体系的过程，目的是建立一个良好的资源目录结构，划分合理的资源粒度。主数据管理系统对企业的主数据提供自定义分类管理，相关人员可以按照自己的理解或习惯进行分类，可以对分类进行修改，并进行分类的授权。

主数据管理系统需要实现主数据模型的定义，每个模型中可扩展定义模型的属性，以及属性的校验规则。产品通过 Web 可视化界面零开发地实现主数据分类树及主数据模型的建立，可自由调整目录树的排列顺序，可以通过 XML（可扩展标记语言）格式进行模型导入，通过元模型理念来实现对主数据模型的管理。

主数据模型支持单表、主 / 子表结构；发布后的主数据展示形式支持树卡和树表模式，可以直观地看出树形及树表结构的数据关系。

支持各种类型的字段类型，在建立主数据模型时可以对唯一性、必填项、数据校验规则、查询条件等进行设置。

主数据模型主要包括模型类目管理和模型管理两大功能模块。

18.1.1 模型类目管理

模型类目管理的目的是使用户可根据业务域进行模型分类，便于模型的管理和维护。通常在模型创建前，人们会根据业务域对模型进行分类（如销售类、人资类、资产类等）。

模型类目管理提供类目的新增、修改、删除、查询功能。

18.1.2 模型管理

模型管理主要包括模型基础信息管理及模型属性信息管理。基础信息指模型自身的描述及主数据编码规则，属性信息包括模型的数据结构、数据约束等。

主数据模型是主数据管理的基础，一个完整的、可扩展的、相对稳定的主数据模型对于主数据管理的成功起着重要的作用。

1. 模型基础信息管理

模型基础信息管理通常包括模型名称、模型编码、模型分类、主数据编码规则等管理。

模型自身的名称与编码需保证唯一性，为数据交互提供参数标准。主数据编码规则通常会提供给用户流水号、分隔符、常量、日期及时间五种类型进行自定义设置，以保证主数据编码的唯一性。

2. 模型属性信息管理

模型的属性信息是模型的核心，通常建议选取在各个系统中都需要、有共享需求的属性，将其优先定义为主数据的属性。

属性信息的内容通常包括属性名称、属性编码、属性类型、数据长度等。属性约束包括是否唯一、是否必填等。

18.2 主数据采集与分发

主数据的采集与分发是主数据管理系统中数据的入口与出口，前面章节中介绍过，主数据管理的数据源头往往是业务系统，数据经过清洗后会分发给消费系统，形成主数据流程的闭环。主数据管理系统完成数据同步（采集与分发），首先需要在系统中注册数据源系统和消费系统，为建立数据关系做准备。

主数据管理系统具备自动分发和手动分发功能，支持灵活定义分发规则，并能根据自定义的分发配置规则自动向源系统或目标系统进行主数据分发，自动创建相应日志。

主数据管理系统具备自动接收和手动接收功能，支持灵活定义接收规则，并能根据自定义的接收规则自动向源系统或目标系统进行主数据接收，自动创建相应日志。

主数据管理系统支持查看主数据接收、分发结果，对不能正常接收或分发的主数据进行主动预警或重发。

主数据管理系统有功能强大的数据同步功能，包含数据发送管理、数据接收管理、数据同步日志、同步任务管理等。

18.2.1 集成系统管理

集成系统对所有接入系统进行统一注册与管理。集成系统分为生产系统和消费系统。对于生产系统，只需要为生产系统定义系统编码、系统名称、备注和认证令牌即可；对于消费系统，由于消费系统从主数据管理系统接收数据，由消费系统提供服务给主数据管理系统调用，因此需要填入服务地址，可设置成功收件人邮件、失败收件人邮件，根据企业要求可以在分发成功或失败时发送邮件。

18.2.2 系统权限设置

主数据管理系统支持对接入系统统一进行数据的权限分配，包括读、写权限。授权、订阅包含两种动作。对生产系统而言，调用主数据管理系统会授予写的权限对传数据的系统进行授权，包括授权集成系统可以写入哪些数据，以及写入这些数据的哪些属性，也能控制生产系统通过接口操作什么维度的主数据（如客户）；对消费系统而言，根据消费系统的需求，可以对主数据进行订阅，可以控制到主数据属性级别和主数据行及层，如果消费系统主动调用主数据管理系统的查询接口来获取主数据，则可对其进行查询的授权。

18.2.3 集成标准

对生产系统、消费系统发送主数据、接收主数据时对应不同的服务，集成标准描述调用的方式、参数，并可根据系统授权、订阅的情况生成消息体的格式，通过集成标准将消息格式复制或下载封装成 API 文档，提交给第三方技术人员，按照标准进行开发。系统要求支持市场上比较成熟的接口协调标准，如 WebService、Rest 等。

18.2.4 数据装载

主数据初始化时，按主数据模板组装数据，通过 Excel 等方式将数据装载到主数据模型中，完成存量数据的初始化。

主数据管理系统装载的方式如图 18-1 所示。

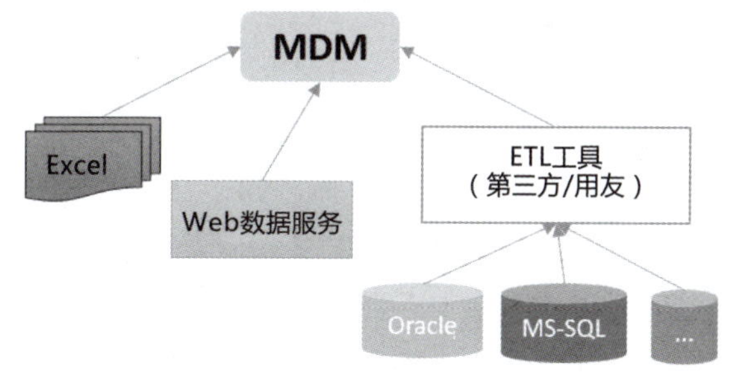

图 18-1

1. Excel

主数据管理系统支持 Excel 格式文件数据的批量装载；支持通

过 Excel 批量导入外系统数据与标准数据对照关系；在装载过程中，可以对装载文件内容进行预览，并可以选择过滤；批量导入支持字段的唯一性校验和归一化处理；提供批量导入的扩展接口。

2. Web 数据服务

主数据管理系统规范化了第三方业务系统服务定义，业务系统实现标准服务定义后具备导入数据能力，导入的数据应能自动校验合法性和逻辑性，支持集成 ESB（企业服务总线）。

3. ETL 工具

ETL 工具支持数据库之间大数据量的采集，支持“推”或“拉”的采集方式，支持增量采集与全量采集，支持数据采集计划制订（实时或计划）、执行、监控，支持错误数据管理和记录，支持数据校验规则的制定与检验。

18.2.5 数据采集

主数据采集的方式通常有两种：调用数据接口和数据库只读同步。

调用数据接口的采集方式是开放性的，需要根据具体的企业信息化情况进行定制化的开发，主数据管理系统暂时还不能做到标准化产品支持。

数据库只读同步是目前主数据管理系统能做到标准化产品支持的采集方式。主数据管理系统会提供常用的数据库产品以支持采集企业中各个信息系统的需求。主数据管理系统通过在系统内配置同步任务，以及来源系统与主数据模型的映射关系完成主数据采集的工作，如图 18-2 所示。

任务基础设置　字段映射

实体	第三方系统管理	
实体属性	字段名称	字段类型
标题	id	int
文章	username	varchar
作者	username	varchar
性别	es_ip	varchar
手机号	passwd	text

图 18-2

18.2.6　集成日志

对于数据的接收、分发，每次操作都会记录日志。查看操作的明细情况，如果失败则会记录失败的原因，可根据操作类型等进行查询分析；可以对所有的集成日志进行导出，供统计分析使用。

18.2.7　数据查询服务

主数据管理系统支持数据查询服务接口及主数据接口日志查询，供系统用户查询被授权查看或使用的数据接口信息，供消费系统查询或定时、手动同步数据。

18.2.8 数据分发

主数据管理系统为不同的注册消费系统提供手工分发、自动分发、定时分发数据的功能，支持对全量和增量数据的分发。授权、订阅系统可以选择不同的分发方式。对于主数据管理系统的分发结果，主数据管理系统会随时做出响应，保证没有分发成功的数据会得到及时处理，并准确分发出去。

主数据管理系统根据分发设置及记录会生成相应的分发日志，日志内容会记录详细的信息，相关人员可对日志进行查询、下载、导出等。

18.3 主数据管理的内容

18.3.1 主数据申请管理

主数据管理系统支持主数据在线申请，按照主数据生成模型，能自动生成主数据录入模板。在申请过程中，主数据管理系统能根据已定义的主数据规则与约束条件，自动进行数据合法性校验，最大限度地保证主数据的唯一性和规范性。

主数据管理系统可根据规定格式，进行主数据批量自动导入；支持 Excel 格式文件数据的导入，导入后自动进行合法性校验、逻辑效验和查重校验。

1. 主数据人工申请

（1）根据定义好的数据模型辅助用户完成主数据申请编码录入，系统自动完成录入数据的合法性校验。

（2）提报申请表单时，根据主数据模型的定义规则，支持在线查重、相似度匹配检查功能。

（3）主数据管理系统提供在创建数据申请过程中的系统数据校验自动提示功能；提供附件上传功能，如 PDF、JPG 等。

（4）主数据管理系统支持现有编码条目的复制添加功能；支持必输项自动提示。

（5）可在主数据管理系统中查看所有已提交的待审批主数据申请记录。

2. 主数据自动生成

主数据管理系统支持从其他业务系统主数据自动同步、生成集团主数据。

3. 主数据手工导入

主数据管理系统支持从其他业务系统导入、生成主数据。

4. 外部系统集成

主数据管理系统支持与第三方企业身份信息系统集成，自动实现信息获取和核对功能。

18.3.2 主数据维护管理

主数据管理系统为有相关权限的用户提供主数据维护功能，如下。

（1）支持主数据的新增、修改、删除（未经审核通过的）、复制、下载、查询、封存、解封等生命周期管理。

（2）支持主数据的快速查询、高级查询。

（3）支持主数据以 Excel 文件形式下载到本地。

（4）支持主数据版本管理，可查看主数据历史版本，可回退至某一历史版本。

（5）支持对两条主数据进行比较。

（6）提供内部 API 服务。

18.3.3 主数据审批管理

（1）主数据管理系统能提供主数据审批任务列表，能自动对审批任务清单中的主数据根据规则进行合法性预审，并自动告知用户预审结果。

（2）主数据审批通过后，主数据管理系统能够自动将新的主数据入库并自动变更相应的主数据应用状态。

（3）主数据管理系统支持可视化跟踪、查询、监控主数据审批情况和审批信息。

（4）主数据管理系统提供自定义审批工作流功能，审批流程的定义界面支持图形化拖拽功能，并支持对工作流的版本管理。

18.3.4 主数据变更管理

（1）主数据管理系统能实现对主数据信息变更的申请、审批、发布、分发的全过程管理。

（2）主数据管理系统能够对主数据的变更实现版本管理，自动建立数据、变更历史日志。

（3）主数据管理系统能够实现主数据编码与属性信息、规则模板等在线维护与管理功能。

（4）主数据管理系统能够对各类主数据的状态进行有效管理，包括申请、审批、发布等过程状态。

（5）当主数据应用过程中发生任何改动时，主数据管理系统自动通知或提醒主数据管理责任人。

（6）主数据变更时将走变更流程，同时主数据管理系统可对变更后的档案进行版本管理。

（7）主数据变更时，主数据管理系统会做更详细的检查，并对引用系统进行引用检查。

18.3.5 主数据版本管理

主数据版本管理是指对主数据的模型和内容动态变化的版本管理，对主数据应用的历史线索、信息追溯，以及任意历史版本的主数据模型和内容进行对比与查询。

主数据管理系统支持对主数据各版本的备份，经过业务风险评估后，可以通过版本回溯恢复原有版本。

18.4 主数据质量管理

18.4.1 清洗规则

主数据管理系统预置了对数据的清洗规则，可以针对数据源中的数据和主数据管理系统中的数据分别建立清洗规则。清洗规则主要分为以下几大类：列处理、一致性校验、排重、字符串处理、合法性校验等，主数据管理系统根据设置的规则进行分析并标记出问题数据。

1. 排重规则

主数据管理系统对每一类主数据提供针对一个或多个属性的排重规则设置。

（1）单一属性排重规则设置。

单一属性排重规则设置相对简单，对某一类主数据里的某一个属性设置精确或模糊匹配。例如，对人员主数据中的员工编码属性设置精确匹配，当筛查到的员工编码相同时，判断其为重复数据。

（2）多属性组合排重规则设置。

多属性组合排重规则设置较单一属性排重规则设置会复杂一些。首先对需要排重属性设置精确或模糊匹配，其次对每一个排重属性设置权重占比（每一个排重属性根据排重规则判断为重复后所占的权重），最后对整体的排重规则设置阈值（多个排重属性在聚合后所占的百分比，超过阈值则视为重复数据）。例如，人员主数据中的名称、员工编码、性别三个属性设置排重规则，权重占比分别为 40%、40%、20%，阈值设置为 60%。这样，当排重任务调度时，这三个属性中每两个有重复时会判断为重复数据。

2. 质量校验规则

数据质量规则管理实现对不同类型的数据配置相应质量管控和分析参数，实现对不同类标准数据进行常态质量监控管理，实现对数据之间的精确查重和模糊查重，并提供可配置的多种数据检查功能，支持对数据的唯一性、完整性、一致性的检查和校验。

主数据管理系统支持对某一主数据设置数据质量检查规则，数据质量检查规则可以设置一条或多条。主数据管理系统会根据设定好的数据质量检查规则对主数据的数据质量进行检查；根据数据模型的定义规则，支持在线查重、相似度匹配检查功能。

在建模时，主数据管理系统预置了一些校验规则（如正则表达式、截图所示)，可以建立起对字段的强制校验，对数据质量起到了良好的监督作用。另外，主数据管理系统也支持根据数据规则灵活定义校验规则进行数据质量的校验。

18.4.2 问题数据处理

通过执行主数据清洗任务，主数据管理系统会自动发现存在质量问题的数据，并以消息提醒的方式将问题数据推送给相应的主数据管理人员。主数据管理人员可以对这些数据进行处理（排重或合并)，人工进行干预。

18.4.3 数据质量报告

数据质量报告模块可以根据对数据质量检测及后续处理的情况生成数据质量报告的统计内容。管理员可以将报告内容导出，撰写主数据管理质量报告，从而驱动对业务的改进与提升。

18.5 数据关系与稽核

主数据管理系统中的源数据通常来自不同的业务系统，当然主数据管理系统本身也提供数据录入及维护功能。当源数据来自业务系统时，在主数据的产生、更新、删除、分发四个环节都可能需要维护主数据关系。主数据关系的维护可以帮助主数据管理人员进行数据溯源与稽核的管理。

18.5.1 数据关系

数据关系是指建立在源数据、主数据、消费系统数据三者之间的映射关系，可以让数据管理员快速地了解到各方数据情况，进而通过主数据管理系统中的数据对比进行稽核操作。

数据关系建立：第一步，明确当前数据的来源系统及消费系统；第二步，定义主数据编码规则（在主数据管理系统中生成的主数据需要有唯一的编码，通常称为主数据编码，这是建立数据关系的桥梁）；第三步，确定数据唯一性校验规则，保证主数据的唯一性；第四步，主数据管理系统根据唯一性校验规则生成主数据；第五步，通过生成的主数据编码建立主数据与源数据的关系；第六步，在数据分发时，需要消费系统在接收到主数据时回传主数据在消费系统中的编码，主数据管理系统也需要用主数据编码建立其与消费系统的数据关系。

数据关系建立成果：若是单一来源系统，则如图 18-3 所示；若是多个来源系统，则如图 18-4 所示。

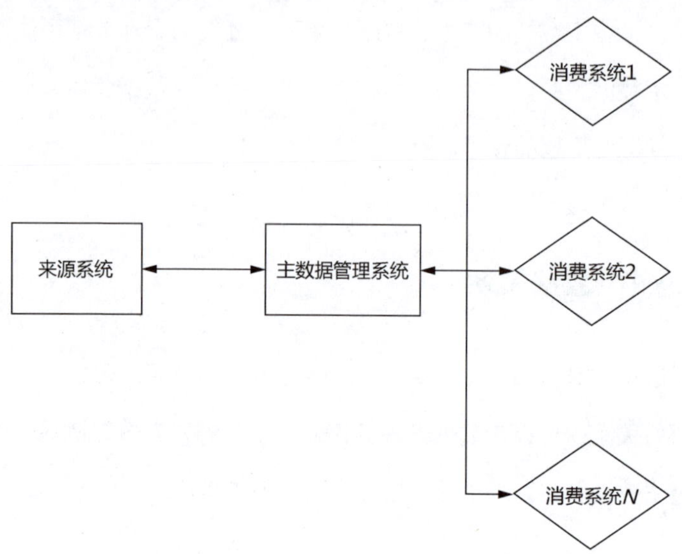
来源系统
主数据管理系统
消费系统1
消费系统2
消费系统N

图 18-3

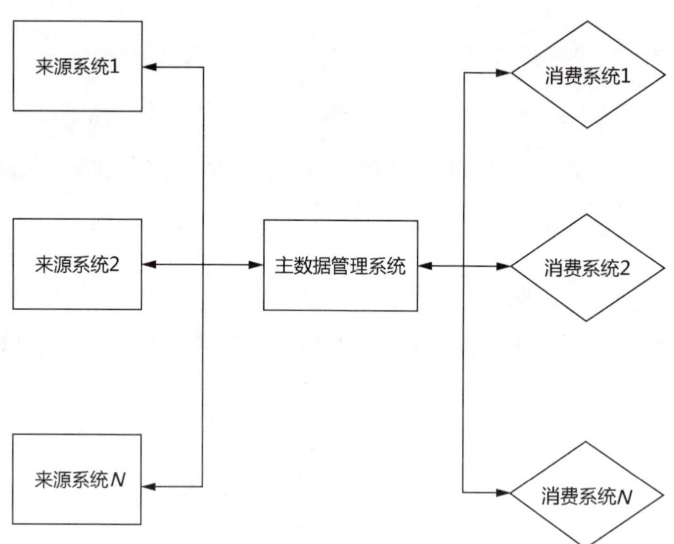
来源系统1
来源系统2
来源系统N
主数据管理系统
消费系统1
消费系统2
消费系统N

图 18-4

18.5.2 数据稽核

数据稽核，顾名思义是对数据的稽查和审核。

稽查是企业对主数据执行事后管控的制度时执行的操作。在源数据发生变更后，主数据管理系统根据建立的数据关系及稽查规则，找出发生变更的源数据；在稽查到变更的数据后，通过制定的审核流程，对源数据变更的情况进行合规审核，通过即同意变更，否则需要告知业务系统源数据不能变更，这时业务系统应做数据回滚处理。

当企业对主数据执行事前管控的制度时，审核操作会变得更加重要。在源数据变更时，主数据管理系统通过制定的审核流程，对源数据的操作情况进行合规审核，通过即同意变更，否则需要告知业务系统源数据不能进行对应的操作。这时，业务系统在根据审核意见对源数据进行相关操作后再次发起审核，直到审核通过后，数据才能正式进入主数据管理系统，并允许数据为消费者使用。

18.6 移动端支持

移动端支持，即提供移动端业务发起、审批、查询、提醒等功能，支持主流 iOS 和 Android 等智能移动设备，可以让业务人员利用手机和平板等智能移动终端建立与主数据管理系统的连接，在智能移动终端上实现主数据审核、查询、消息推送等功能。

18.7 系统与安全管理

18.7.1 系统维护管理

1. 基础档案管理

（1）组织管理。

主数据管理系统提供了组织机构管理功能，支持对组织机构的维护和管理。

（2）用户管理。

主数据管理系统提供了用户管理功能，支持用户的添加、修改、删除、重置密码、停用 / 启用、锁定 / 解锁、按条件过滤、角色关联等操作。

（3）角色管理。

主数据管理系统提供了角色的添加、修改、删除功能，支持角色与用户的关联管理。

2. 功能权限管理

主数据管理功能权限体系的整体设计思想是分层逐级授权的，共包括五种权限，具体如下。

（1）组织权限：用户可以针对组织进行授权。管理者可以站在某集团的层面对下属分子机构进行统一授权，保证某集团的规章制度得以执行，实现分层逐级授权。

（2）角色权限：主数据管理系统可以针对不同的应用角色生成不同的人员组，对不同的人员组可以按照角色组的方式统一授权，并通过权限管理工具与模板管理工具对不同角色所拥有的业务权限、功能权限和数据权限进行授权。

（3）功能权限：主数据管理系统可以针对用户和角色按功能进行授权。功能权限从大到小可以分为模块权限、节点权限、功能权限和按钮权限。主数据管理系统可以按以上不同功能权限值为用户授权。

（4）业务权限：主数据管理系统可以针对具体业务模块的具体业务按用户和角色授权，如主数据管理系统可以为指定用户授权薪资类别、薪资项目权限和人事数据按部门授权等。

（5）使用权限：主数据管理系统可根据不同角色对不同使用对象进行使用权限的定义，同时对每个使用角色进行个性化的数据浏览权限分配，符合高度的保密性要求，实现严格的权限设定方案。

3. 数据权限管理

数据权限管理是指在外部系统集成，如装载、分发、审批等中，确定主数据及其记录的操作权限。

（1）对象访问权限控制：定义哪些接入系统可以对哪些主数据进行访问，未授权的系统不允许访问。

（2）属性访问权限控制：比如，客户主数据有 40 个属性，某个分发系统只能访问其中的 30 个属性。

（3）记录访问权限控制：定义某些主数据的哪些记录可以分发给哪些分发系统。

4. 任务队列管理

主数据管理系统支持数据的导入、审核、清洗、采集、分发等任务的统一管理与调配，可以对任务的优先级及调度进行调整。

5. 日志管理

主数据管理系统支持对所有登录系统的用户进行功能和数据操作的记录。日志记录的信息包括每个用户登录系统的时间、登录机器 IP、退出系统时间、在登录系统期间对系统做了哪些操作（增、删、改、查等）等，便于在系统或数据出现问题后，查找出原因，及时解决问题。主数据管理系统支持对日志的导出，方便统计分析。

18.7.2 安全管理

1. 数据加密

数据加密是一个过程，使数据只对正确的接收者可读，其他用户看到的则是杂乱无序的数据，只有使用相应的密钥解密之后才能显示出数据本来内容，以此达到保护数据不被他人非法窃取、阅读的目的。

主数据管理系统提供贯穿端到服务器的数据加密服务，包括各种终端如 JavaApplet、Web 等上的加密服务，服务器端对敏感数据加密保存。

2. 数据泄露保护

数据泄露保护主要分为基于网络的数据防泄露和基于主机的数据防泄露。基于主机的数据防泄露可以采取使用防泄露软件的方案，使用防泄露软件可以实现文件自动加密、移动介质控制、终端网络行为控制、文件外发管理。

3. 数据归档

数据归档是将历史数据或不经常被使用的数据进行归档处理。考虑到这会影响主数据管理系统的响应和性能，主数据管理系统会将这部分数据进行单独存储，后续进行查找或参考时，可以使用主数据管理系统的索引和搜索功能，便于查阅。企业可以依据自己的应用场景制定不同的数据归档策略。

4. 数据备份管理

数据备份是为了防止数据在不可控的因素或天灾等情况下导致数据不可用，给企业带来严重的损失。数据备份必须考虑到数据恢复的问题，因此企业需要制定合理的数据备份策略、备份方式，如异地备份、双机热备、磁盘镜像等。

为了规范企业数据备份的管理工作，企业要制定相应的数据备份管理制度，并由相应的数据管理组织来推动落实。

5. 异地容灾

异地容灾对于企业来讲是不可忽视的数据安全策略，是为了防止由天灾等不可控因素导致的数据丢失，在异地建立一套或多套完整的应用系统，也可以在异地进行数据备份。不同厂商的异地容灾方案大同小异，企业可以依据自己的情况制定合理的容灾策略。

6. 安全审计

主数据管理系统支持对所有用户的操作进行审查，包括其登录、操作日志等相关内容。从系统日志中可以看到每个用户的具体操作、操作的内容及操作时间。

附录 A

主数据服务标准规范示例

分别制定出服务规范，以及明确相关各方的使用方法，以同步服务为例，进行主数据服务规范的制定。

增加主数据的方法如下。

服务名称：MdSyncService。

方法名称：增加主数据（addMdmInfo）。

方法描述：增加主数据。

该方法用于接收主数据来源系统发来的创建主数据的请求。比如，项目系统在增加新项目时，需要调用该服务来创建项目主数据。

该方法可以处理多种类型的主数据，所有非主数据管理系统直接维护的主数据，都需要调用该方法来创建。

发布方：主数据管理系统。

调用方：主数据来源系统。

输入：

序号	数据项名称	数据项	数据类型	备注
1	sysid	系统标识	字符型	参见“系统标识”
2	mdType	主数据类型	字符型	参见“主数据类型标识”
3	data	新增主数据	字符型	XML 格式的字符串，参考“附录 A：《企业服务规范报文样例》”的单条记录部分

输出：

序号	数据项名称	数据项	数据类型	备注
1	success	成功标志位	数字型	1：成功；0：失败
2	errCode	错误代码	字符型	成功时为空
3	message	错误信息	字符型	成功时为空
4	masterCode	主数据编码	字符型	

附录 B

企业主数据管理规范示例

1. 主数据管理规范

主数据管理规范，要从组织、职责、流程、考核四个方面落实。

（1）组织方面：主数据管理涉及的相关机构如图 B-1 所示。

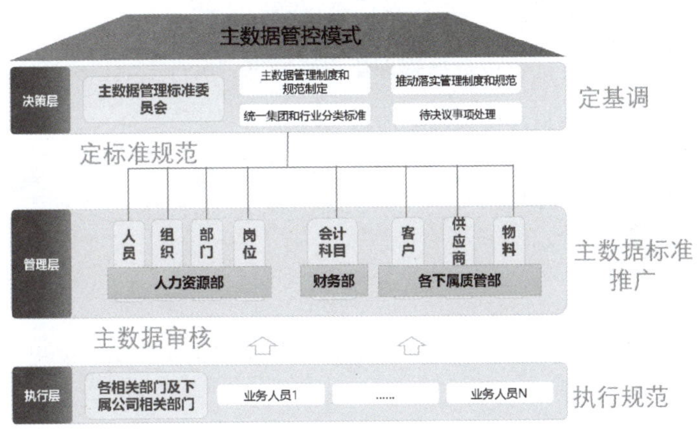

图 B-1

（2）职责方面：各级分工说明如下。

① 决策层。

- 指导主数据管理的规划和决策。
- 批准与发布主数据管理的各项制度与政策。
- 评定集团和行业分类标准。
- 推动落实管理制度和规范。
- 决策主数据管理工作中的问题。

- 审核和协调主数据管理整体工作。

② 管理层（各业务管理部门）。

- 负责本业务领域所辖主数据定义、业务规则、数值质量标准的制定和规范。
- 制定并优化主数据管理流程与制度，执行主数据标准规范，确保信息准确和数据质量。
- 监督与考核。

③ 执行层。

- 执行主数据标准规范，进行主数据申请（新增、变更、失效等）。
- 负责所辖主数据的录入和修改，确保录入的数据遵循主数据标准。
- 发现与检查原始材料信息，保证数据在录入环节的数据质量，包括数据的完整性、真实性、准确性、适用性。

（3）流程方面：遵循主数据在业务系统中的流转过程和管理过程标准；建立主数据管理流程体系，明确各部门职责。主数据管理流程标准主要包括主数据新增、变更、封存流程，详见各主数据的“管理流程”章节内容。

主数据运行、维护、管理主要遵循以下流程。

① 在企业服务规范和主数据交互格式制定后，集成系统（数据源和消费系统）按照规范执行。

② 随着应用的扩展和深入，当业务系统需要增加新的服务、新的主数据或需要扩展当前主数据属性时，或者有新的业务系统加入时，需要以书面形式提出申请。

③ 信息管理部门结合申请内容组织项目组成员和外部专家评审需求。

评审通过后，发布服务规范和主数据管理内容的新版本，并组织相关业务系统进行开发、调试、部署工作。

（4）考核方面：考核内容如下。

① 填报数据的及时性、准确性和完整性。

- 考核对象：填报部门和相关业务人员。
- 考核办法：根据各主数据填报规范所需要填写的信息项及录入规则，按照规范进行填报、新增操作，各主数据唯一性分类属性必须录入完整和准确。

② 新增及变更的审批及时性。

- 考核对象：各业务部门审批人员。
- 考核办法：定期抽查主数据的审批过程，包括审核时长、每个环节的时间及信息的准确性和完整性；定期从数据源头系统中取得审批时效分析表，对审批时效进行分析排名。

2. 主数据建模规范

以人员主数据建模为例，如图 B-2 所示。

模型名称		人员(mdm_person)				
定义		与公司签署了劳动合同的正式员工。				
序号	MDM属性	属性名称	英文名称	类型	维护方式	填写说明
1	唯一性属性	人员编码	code	字符型	填写	以人力资源系统中的编码为准
2		人员姓名	name	字符型	填写	按照证件上的姓名进行填写，如张三
3	正确性属性	所属组织	org	参照型	选择	参照组织主数据档案
4		所属部门	dept	参照型	选择	参照部门主数据档案
5		岗位	post	参照型	下拉选项	参照岗位主数据档案
6		性别	person_sex	参照型	下拉选项	详见性别数据字典参照表
7		手机	mobilephone	字符型	填写	填写人员的联系方式：如13800138000
8		办公电话	telephone	字符型	填写	填写人员的办公电话：如010-10086111
9		电子邮箱	email	字符型	填写	填写人员的邮箱：如123@126.com
10		员工类别	person_type	参照型	下拉选项	详见员工类别数据字典参照表
11		进入华东日期	startdate	日期型	填写	填写入职华东的时间
12		在岗状态	person_state	参照型	下拉选项	详见在岗状态数据字典参照表
13		身份证号	idcard	字符型	填写	
14		职务簇	post_group	参照型	下拉选项	详见职务簇数据字典参照表
15		用户账号	ssoid	字符型	填写	
16		描述	description	字符型	填写	

图 B-2

3. 主数据编码规范

以会计科目为例，针对会计科目的特点，编码设计如下。

企业按照“4+2+2+2”的层级进行编码，一级科目 4 位，二级科目 2 位，三级科目 2 位。一级科目是由中华人民共和国财政部制定的。企业在不违反会计准则、计量和报告规定的前提下，可以根据本单位的实际情况自行增设、分拆、合并会计科目。企业不存在的交易或事项可不设置相关会计科目。通过编码能够标示科目的唯一性，其编码构成如图 B-3 所示。

其中：第一位数字（千位）表示会计科目的类别，1 表示资产类，2 表示负债类，3 表示共同，4 表示所有者权益类，5 表示损益类等。为便于会计科目的增减，一般情况下，编码要考虑到未来的扩展性，在编码间留有一定的间隔。

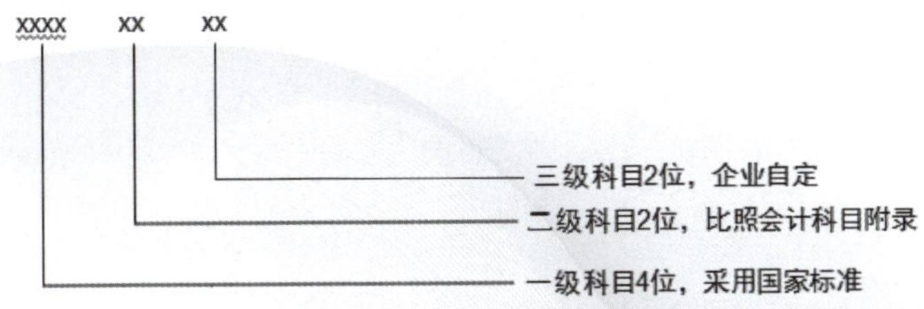

图 B-3

4. 主数据填报规范

依据确认的主数据模型整理各字段的填报规范，该填报规范适用于企业主数据的录入标准管理和数据清洗，以及属性填写说明。人员主数据填报规范示例如下（只列举部分字段）。

（1）人员编码。

① 字符规范：除了汉字及特殊符号，其他字符在英文半角状态下录入。

② 维护类型及值域：此项为字符型，依据编码规则自由录入。

③ 录入规范：按照编码规则系统自动生成数据。

（2）人员姓名。

① 字符规范。除了汉字及特殊符号，其他字符在英文半角状态下录入。

② 维护类型及值域：此项为自由录入，无相关值域。

③ 录入规范：按照身份证 / 军官证 / 护照上的名称录入。

如果是“中国”个人,按照身份证 / 军官证上的“姓名”信息填写。

如果是“非中国”个人,则按照护照上的“姓”和“名”(Surname, Given Names)信息填写。

其他规范不再示例，如清洗规范和集成规范等，后续依据企业现状及需求进行规范。